Victoria Eugenia, reina de España (1887-1969)

Biografía breve

Antonio Manuel Moral Roncal

MORAL RONCAL, Antonio Manuel: *Victoria Eugenia, reina de España (1887-1969). Biografía breve,* Ediciones 19, Madrid, 2023, 280 pp. 16x16 cm. Depósito legal: M-533-2024

Papel: ISBN 978-84-19159-32-8 Digital: ISBN 978-84-19159-31-1

EAN PAPEL: 9788419159328 EAN DIGITAL: 9788419159311

Una vez superados los gastos de producción, los derechos de autor correspondientes a este libro serán donados a *Cáritas.*

VENTA EN PAPEL: librerías, Amazon, Agapea, Casa del Libro, otros canales habituales de distribución en España y el resto del mundo. Además:

Argentina * CUSPIDE.COM http://www.cuspide.com/ * MANDRAKE https://www.mandrakelibros.com.ar * OZONUM Mercado Libre - Argentina https://listado.mercadolibre.com.ar/ **Brasil** * O ATENEUM www.oateneum.com.br Colombia * LEMOINE EDITORES www.librosyeditores.com * BIBLIOSTORE - Mercado Libre https://listado.mercadolibre.com.co/ * LIBRERIA DE LA U www.libreriadelau.com **Ecuador** * POWER STORE BOOKS www.powerstorebooks.com * THE BOOKS LINK www.thebookslink.com **Méjico** * BIBLIOSTORE México - Mercado Libre https://www.mercadolibre.com.mx/ * Librerías GANDHI www.gandhi.com.mx/ * Librerías GONWIL www.gonvill.com.mx **Perú** * ALEPH IBD (Mercado Libre) https://listado.mercadolibre.com.pe/ * Librería SBS https://www.sbs.com.pe **Uruguay** * MERCADOLIBROS (Mercado Libre) https://mercadolibros.uy/ * PALACIO DEL LIBRO S.A. www.libreriapocho.com.uy a BIBLIOMANAGER.

VENTA DIGITAL: La **Casa del Libro** y otras plataformas.

España, TAGUS BOOKS http://www.tagusbooks.com/ TODOS TUS LIBROS/ CEGAL www.cegal.es AGAPEA FACTORY www.agapea.com **Canarias.** LIBRO TÉCNICO, Librería http://www.ellibrotecnico.com / UNICORNIO, Librería http://www.unicornioweb.com **Colombia,** LIBRERÍA NACIONAL www.librerianacional.com **Méjico,** LA VENTANA, Libreria https://laventanalibreria.com/ CASA DEL LIBRO, La Casa del Libro México Méjico, EDUCAL, http://www.educal.com.mx/LIBRERÍA DEL SOTANO, SA DE CV www.elsotano.com **Nicaragua,** LITERATO http://www.ebooks-literato.com.ni/

Victoria Eugenia, reina de España (1887-1969)

Biografía breve

ÍNDICE

INTRODUCCIÓN

Pág. ant. Victoria Eugenia de Battenberg. Oleo de José Moreno Carbonero en 1912.
Museo de Arte Moderno de Cataluña.
En esta pág. Victoria Eugenia de Battenberg . Oleo de Joaquín Sorolla en 1912. Palacio
de la Magdalena (Santander).

La gran duquesa María de Coburgo, tía de Victoria Eugenia de Battemberg -una mujer muy dura y difícil en sus apreciaciones sobre las personas- llegó a definir a su sobrina como "la más humana representante de la amabilidad, a pesar del largo periodo que ha pasado en la más rancia corte de Europa. Alcanza el equilibrio perfecto entre la quietud y la sencillez a un lado y las obligaciones de su rango en el otro". El intelectual y político español Pedro Sáinz Rodríguez la consideró "una dama delicadísima, una mujer llena de buen sentido y con un criterio político y social muy claro". Su nuera, Enmanuela Dampierre escribió en sus memorias que la reina resultaba muy inglesa en su aspecto y forma de ser, "jamás mencionaba en su conversación un solo asunto que, por lo más remoto, fuera conflictivo". Admiró su categoría humana y, en su opinión, no fue una mujer dura sino "una persona dueña de sí misma, ya que su educación era de alta escuela, lo que resultaba bien distinto. Eso hizo que resistiera lo que resistió".

Y así se podía continuar recordando frases de personas que la conocieron y, junto a su famosa belleza, alabaron su carácter y admiraron su personalidad, pero en esta biografía se pretende, sobre todo, dar voz a la propia Victoria Eugenia, más que dejar hablar a sus contemporáneos sobre ella. De esta manera, se ha buscado su testimonio en libros, prensa y archivos. Tarea nada fácil puesto que no se ha conservado mucha de su correspondencia y la reina tuvo la costumbre de romper las cartas que recibía, una vez leídas, medida de precaución que guardó toda su vida.

Pero la búsqueda ha logrado extraer documentos que nos revelan, con más detalle, el alcance de su participación en tareas de acción social, su preocupación por sus familiares y amigos, su apoyo a su hijo don Juan y a su nieto don Juan Carlos en el difícil proyecto de Restauración de la Monarquía en la segunda mitad del siglo XX en España. Por eso, además de los fondos del Archivo y Biblioteca del Palacio Real de Madrid, el autor ha buceado en los diplomáticos del Archivo General de la Administración, donde se encuentran informes sobre la familia real en el exilio.

El historiador Thomas Carlyle, en su *Essay on Richter*, escribió que una vida bien escrita es tan rara como una vida bien empleada. Esperamos de la benevolencia de los lectores que reconozcan el interés que ha tenido el autor por relatar adecuadamente la vida de la reina Victoria Eugenia de España y ellos juzgarán si su vida estuvo justamente empleada.

Victoria Eugenia de niña.

Ena con su abuela, la reina Victoria, hacia 1897, con unos 10 años.

Ena de joven, a caballo.

La madre de Ena, la princesa Beatriz e hija menor de la reina
Victoria.

Ena en una postal inglesa hacia 1905.

Una fotografía de Ena hacia 1905.

1. UNA PRINCESA ESCOCESA

Pág. ant. Primer encuentro de Alfonso XIII y Victoria Eugenia en Villa Mouriscot (Biarritz). Aguada en cartulina de Manuel Alcázar y Ruiz. La Ilustración Española y Americana 8-II-1906

En esta pág. Celebración de la boda de Victoria Eugenia y Alfonso XIII en 1906. Oleo de Juan Comba.

PRIMERAS ALEGRÍAS, PRIMERAS DESDICHAS

La princesa Beatriz, la hija más querida de la reina Victoria de Gran Bretaña, se enamoró de un príncipe alemán, Enrique de Battemberg en 1884. La reina aceptó el matrimonio, pero con la condición de que ambos permaneciesen viviendo con ella hasta su muerte. El matrimonio se celebró el 23 de julio del año siguiente en la iglesia de St. Mildred, en la isla de Wight. Ese mismo día, la reina concedió a su yerno el tratamiento de Alteza Real que le proporcionó el mismo rango que a su esposa. Enrique se nacionalizó inglés e ingresó en el ejército británico, llegando a ser coronel. Además, con el paso del tiempo, se le nombró capitán general y gobernador del castillo de Carisbrooke y la isla de Wight. El matrimonio tuvo tres hijos -Alejandro, Mauricio y Leopoldo- y una hija.

La octava nieta de la reina Victoria nació en el castillo de Balmoral el 24 de noviembre de 1887, siendo la primera descendiente de la familia real británica que nacía en tierras escocesas desde 1600. Su parto fue difícil, largo y con complicaciones que hicieron que su madre estuviera acompañada de la reina Victoria, aunque el resultado fue una niña sana y preciosa. Pronto se olvidaron los pesares del nacimiento y todos los miembros de la familia real, junto con los habitantes del pueblo, lo consideraron como un suceso feliz, encendiendo una gran fogata en Craig Gowan, al que siguieron otras celebraciones. Entre ellas, destacó el bautizo de la recién nacida el 23 de noviembre en la capilla anglicana de Balmoral, oficiado por el deán de la catedral de Edimburgo, Cameron Lees, quien derramó sobre su cabeza el agua del río Jordán en una pila bautismal traída desde el palacio de Windsor, utilizada en otras ocasiones por todos los descendientes de la reina. Sus padrinos fueron el gran duque de Hesse y el duque de Edimburgo.

Se le impuso a la pequeña un largo número de nombres -costumbre tradicional en las Casas Reales europeas- iniciándose con el de Victoria, por su abuela materna; Eugenia, por su madrina, la emperatriz viuda de Francia, la española Eugenia de Montijo, la cual fue representada por la princesa Federica de Hannover; Julia, por su abuela paterna, Julia Hauke; y Ena, un antiguo nombre celta, muy adecuado como símbolo de identificación con Escocia, siguiendo una política de acercamiento a ese pueblo por parte de la familia real británica, que olvidara los lejanos ecos de las guerras escocesas del siglo XVIII. Y fue precisamente ese nombre, Ena, el que más se usaría en su entorno familiar e, incluso, por el que sería conocida a nivel mundial por los futuros reportajes cinematográficos. Ella misma firmaría numerosas cartas y telegramas, en el futuro, con ese nombre escocés.

La pequeña Ena vivió su infancia en las residencias de su abuela, a quienes su familia siempre acompañaba, por lo que no tuvo residencia propia hasta 1901. Así, creció entre el castillo de Windsor, en el condado de Berskshire, el castillo de Balmoral en Escocia y en Osborne House, la residencia veraniega que la reina Victoria tenía en Cowes, en la isla de Wight. Desde la muerte de su marido, el príncipe Alberto, la soberana había impuesto un entorno de austeridad y disciplina que debía ayudar a que sus nietos se forjaran en esos mismos valores, lo cual le resultaría muy útil a Ena cuando, en el futuro, llegara a la corte española donde la vida era tan o más austera que en el Reino Unido. Como cabeza de la Iglesia de Inglaterra, la reina Victoria también se preocupó por la formación religiosa de su abundante prole, pues son conocidas las anécdotas de la pequeña Ena relacionadas con esos conocimientos.

Victoria Eugenia, con seis años, fue dama de honor en la boda de su primo, el futuro rey Jorge V, con la princesa María de Teck. Se le recordó que no debía hablar, pues el silencio de los asistentes era importante para tan solemne acto. Entendió que la advertencia incluía a todos los presentes, por lo que, en un momento determinado, gritó muy alto, cuando el arzobispo inició su sermón, "No deberían dejar que ese hombre hablara en la iglesia". De esa manera, demostró que había aprendido a obedecer y mantener la disciplina. En otra ocasión, su abuela empezó a preguntar a sus nietos sobre cuestiones religiosas, lo que resultaba un momento tenso puesto que todos temían equivocarse o demostrar su ignorancia ante la reina. Al escuchar la pregunta "¿Qué son las Epístolas?", la pequeña Ena de siete años respondió "Las mujeres de los apóstoles", lo que dejó tan asombrada a su abuela que no la castigó por su desconocimiento.

Durante su infancia tuvo una relación muy afectuosa con su padre, el cual no quiso que ella tuviera una educación separada de sus hermanos, convertidos en sus compañeros de estudios y de juegos.

Compartieron, además, sus ayas y gobernantas, tanto francesas, alemanas e inglesas, con las que aprendieron a desenvolverse en los idiomas extranjeros, algo fundamental en la formación de los hijos de la realeza europea. Cuando sus hermanos entraron en la adolescencia, empezaron a tener profesores especializados, por lo que, debido a su condición de mujer, Ena se encaminó hacia las artes, la música, la lectura y el teatro, aprendiendo etiqueta y comportamiento propio de las elites. Se le recomendó leer la *Eneida* de Virgilio, en su traducción de Dryen, la *Ilíada* de Homero en la de Pope, la *Historia de Carlos XII de Suecia*, escrita por Voltaire en su original francés. Y es que el estudio del pasado era una materia propia de la educación de los hijos de las elites europeas, por lo que también estudió la historia de Inglaterra, la de Grecia y la de Roma a través de los tratados de Oliver Goldsmith, un autor básico en la formación de la juventud en el siglo XIX.

A Ena le gustaba montar a caballo y fumar cigarrillos con sus hermanos a escondidas, todo lo cual desarrollaría al llegar a la juventud, así como su pasión por las joyas, al contemplar las que engalanaban a su madre y a su abuela en los distintos actos sociales en los que participaban. En todo caso, su educación victoriana le ayudó a forjar carácter, a conocer sus límites y a formarse como una persona capaz de enfrentarse a los sinsabores de la vida, buscando recursos para sostenerse ante las futuras desgracias.

En noviembre de 1895, Enrique de Battemberg convenció a su suegra para que le permitiera marchar al África occidental en una expedición al mando del general sir Francis Scott. Pero contrajo la malaria en Prahsu, falleciendo el 20 de enero de 1896 frente a las costas de Sierra Leona, siendo enterrado en la misma iglesia donde se había casado. Para Victoria Eugenia fue el primero de los grandes dolores a los que tendría que enfrentarse, al perder un padre amado cuyos consejos hubiera necesitado siempre. Al fallecer su abuela en 1901, la familia de la princesa Beatriz fijó su residencia en el palacio londinense de Kensington que, junto al Osborne Cottage de la isla de Wight, le dejó en herencia su madre. Pero no contaban con grandes recursos económicos y su posición en la dinastía tampoco era relevante. De ahí que no pudieran costearse grandes lujos, por lo que, cuando el jedive de Egipto invitó a la familia real británica a visitar el país, se envió en su representación a la princesa Beatriz, acompañada de sus hijos Leopoldo y Victoria Eugenia, además de su sobrina Beatriz de Sajonia-Coburgo.

Embarcaron en el vapor *Moldavia* en Tilbury Docks, el principal puerto de Londres, a comienzos de diciembre de 1903. La primera escala la hicieron en Marsella, donde arribaron después de un fuerte temporal en el golfo de Vizcaya. Una semana después, llegaron a Alejandría, situada en el lado más occidental del delta del Nilo. Músicas, banderas y un desfile de subalternos con sus tarbuch rojos los esperaban en el muelle. Dos jornadas después entraron en El Cairo, la capital administrativa del dominio británico. Una comitiva presidida por el propio jedive las agasajó con un exotismo sin precedentes. Atravesaron el hermoso Kasr-en Nile Bridge, una estructura de un cuarto de milla de largo que separaba la bulliciosa zona del puerto del elitista barrio de Zamalek.

Se alojaron en el Guezira Palace, fabuloso hotel construido para la emperatriz Eugenia de Montijo cuando inauguró el Canal de Suez en 1869. La comitiva visitó las pirámides y realizó un crucero en una embarcación de vapor, la más opulenta de las que surcaban el Nilo. Desde hacía una década, una compañía de viajes inglesa había empezado a poner de moda este destino y se viajaba en temporada alta, en el invierno, buscando un clima benigno para recorrer el río en diciembre, cuando el caudal no cubría la isla de Filé y podía visitarse el templo de Isis. Después de varios días de navegación, llegaron a Luxor, la antigua Tebas, capital de los faraones en la cúspide de su poder. Viajaron hasta Karnak y vieron cómo se montaban los campamentos de los exploradores que empezaban a explotar el Valle de los Reyes. En ese punto se unió al grupo el gobernador general de la colonia, sir Francis Reginald Wingate, quien atesoraba un extraordinario prestigio como militar.

Ya en expedición terrestre, los viajeros siguieron hasta Asuán y llegaron a Jartum, en pleno Sudán, el mismo lugar en el que habían caído prisionero el mítico general Gordon. Allí conocieron al célebre Slatin Pasha, quien les relató cómo en 1895 había conseguido escapar de los mahdistas después de once años de cruel cautiverio. Nilo arriba visitaron Halfa, donde se erigía, imponente, Abu Simbel. Desde Luxor cabalgaron durante varios días para conocer el mar Rojo, acampando en tiendas que la servidumbre instalaba cerca de los pozos. Regresaron a El Cairo tras dos meses de un viaje que nunca olvidarían las princesas.

Dos años más tarde, a principios de junio de 1905, los periódicos anunciaron la visita del rey de España, el joven Alfonso XIII, a Francia y Gran Bretaña, en una gira que suponía una clara apuesta política por estrechar lazos diplomáticos con dos potencias decisivas en la política internacional española. Pero también se rumoreó que estaba buscando novia, pues deseaba casarse adecuando los deberes con la Corona y su país con sus deseos personales. Su madre, la reina María Cristina de Habsburgo, prefería una princesa francesa, austríaca o alemana, ya que era condición fundamental el catolicismo de la novia. España era una Monarquía constitucional que había logrado una estabilidad política lo suficientemente fuerte para aguantar la crisis bélica de 1898 que había sacudido a la sociedad. Se turnaban en el poder el Partido Conservador y el Partido Liberal -a semejanza de Gran Bretaña- cuyos dirigentes se habían visto afectados por la ola de regeneracionismo que imperaba en la nación desde los últimos acontecimientos. En la oposición se encontraba republicanos y carlistas que, por el momento, no parecían constituir una seria amenaza.

El monarca fue recibido en Portsmouth por el príncipe de Gales, en medio de una intensa lluvia, antes de tomar el tren con su séquito hasta Londres. En la capital, fue recibido por el rey Eduardo VII, miembros de la familia real y del gobierno. Hacía tres siglos y medio que no visitaba un soberano español las Islas Británicas, desde los tiempos en que el joven príncipe Felipe de Habsburgo fue a contraer matrimonio con la reina María Tudor. Durante la comida en el palacio de Buckingham, se asignó a Alfonso XIII un lugar entre la reina Alejandra, casi sorda, y la princesa Elena, la cual se encargó de responder a todas las preguntas del invitado español. El rey, mirando fijamente a Victoria Eugenia de Battenberg, preguntó quién era esa muchacha de pelo casi blanco. Posteriormente, ella diría que en ese momento se ruborizó porque Alfonso XIII la había mirado tan fijamente y pensó, al escuchar su pregunta, si le habría tomado por una albina. No obstante, al no estar entre las princesas casaderas, se comportó con más naturalidad y calma cuando, tras la cena, el rey español se le acercó y habló en francés, excusándose porque su inglés era muy limitado.

La visita de Estado continuó con su programa, uno de cuyos puntos fue la visita a la residencia de los duques de Connaught, pues se pensó en enlazar con una de sus hijas al monarca español. Pero don Alfonso se convenció de que no era de su gusto, ya que la princesa Patricia estaba ya enamorada de otro hombre, el marqués de Anglesy, con quien terminaría casándose. La indiferencia y desplantes demostrados por ella manifestaron su total ausencia de interés por el monarca español. Por la noche, en un banquete con ciento veintiún invitados el rey preguntó por la hermosa princesa rubia del día anterior. El corresponsal del diario español *ABC*, el famoso escritor Azorín, envió varias crónicas del viaje regio y, en una de ellas, señaló que se hablaba de la princesa de Connaught pero también de la de Battenberg, mucho más abierta y simpática que la primera. Alfonso XIII volvió a coincidir en algunos actos de la visita nuevamente con Victoria Eugenia, como en un concierto en el Covent Garden, donde mostró mucha discreción, desviando preguntas directas para comentar que le alegraba mucho que el público le hubiera recibido con tanta efusividad. No quería ser el centro de atención, pero comenzaron a darse los pasos oportunos para abrir una relación.

El último día de la visita de Estado se celebró un gran baile de despedida en Buckingham, donde el rey español decidió bailar con la rubia princesa. Le preguntó si coleccionaba tarjetas postales, como otras muchachas y, ante la respuesta positiva que recibió, Alfonso XIII se comprometió a enviarle algunas, si prometía contestar. De esta manera se inició una relación que, como Ena recordaría años más tarde, "se veía que yo le había gustado. Fue una corte rápida" por parte de un rey "muy delgado, muy meridional, muy alegre, muy simpático; guapo no era en aquella época".

Así se inició un noviazgo ya que el monarca nuevamente se encontró con ella cuando iba a despedirse de su madre, la princesa Beatriz, en el palacio de Kensington y dejar una fotografía suya para Victoria Eugenia. A partir de entonces, se inició una correspondencia fluida entre ambos jóvenes, formada por diferentes tarjetas postales, con mensajes muy normales y sencillos, pero que alentaron una relación más seria entre ellos. Para no desairar tan pronto a su madre, Alfonso XIII -que estaba ya muy enamorado- visitó en noviembre Alemania y el Imperio austrohúngaro, pero ninguna princesa de esas cortes logró borrar el flechazo que le había causado la británica, que fue apoyada por su madrina, la emperatriz Eugenia de Montijo.

Se sucedieron los envíos de tarjetas postales con pequeñas frases que, con el paso del tiempo, dieron paso a una correspondencia más formal y sentimental. Ante la falta de noticias, en alguna ocasión Alfonso reprochó a Ena su silencio, lo que motivó que ella respondiera aclarando que no pensara que era fría "porque no tengo de ello ni una pizca, querido. Yo tengo sentimientos muy profundos, pero encuentro muy difícil expresarlos por escrito". Ante la insistencia de su pretendiente, le volvió a responder que no podía "compartir tu opinión a propósito de una amistad entre nosotros. Estoy convencida de que hay más por mi parte que por la tuya". Victoria Eugenia se decidió, finalmente, a aceptar sus proposiciones veladas en diciembre de 1905, siendo una prueba su interés por aprender español, lo que le confesó en una tarjeta postal al tiempo que le solicitaba fotos recientes suyas, para saber si había cambiado. Se emocionó porque sólo faltaban semanas, en vez de meses, para volver a encontrarse, aunque "cuando me dijiste adiós después del baile en palacio estaba persuadida de que no volvería a verte nunca". El rey le siguió enviando tarjetas y, en vez de escribirla en francés, lo hizo en inglés lo que la desbordó de felicidad pues "Es hermoso que te tomes tanto trabajo por mí y escribes realmente muy bien. Espero que podamos encontrarnos en Biarritz, donde podrás llevarme en tu automóvil". Y es que la reina María Cristina ya había escrito a la princesa Beatriz elogiando a su hijo, hablando del amor de éste por Victoria Eugenia y solicitando contacto no oficial con Eduardo VII, que aprobó el enlace cuando se lo comunicó su hermana. El 13 de diciembre, Ena envió a Alfonso la aceptación de su amor, en una tarjeta que reproducía Buckesham Hall y la alameda de Norfolk. "Tú sabes que puedes contar con mi afecto. Una vez que yo amo a alguien no cambio jamás". Y así fue.

En España, por primera vez, se manifestó la curiosidad del pueblo ante la sorpresa de la Casa Real, a través de un concurso que *ABC* organizó para que la población votara a la princesa más adecuada para ser la reina. El periódico dibujó los rostros de ocho princesas casaderas, susceptibles de contar con mayor o menor aprobación del monarca: Olga de Cumberland, Beatriz de Sajonia-Coburgo, Patricia de Connaught y Victoria Eugenia de Battenberg, sobrinas del rey de Gran Bretaña; Victoria de Prusia, hija del emperador alemán; Wiltrude de Wittelsbach, nieta del príncipe regente de Baviera; María Antonia de Mecklemburgo, hija del duque reinante, y Luisa de Orleáns, hija de los duques de Montpensier. La votación sorprendió porque los participantes acertaron plenamente ya que la rubia princesa que había enamorado a Alfonso XIII alcanzó el primer puesto con 18.427 votos. En una postal de Regent Street, Ena escribió a su novio

> *¡Como expresarte la alegría profunda que experimento al recibir tus queridas palabras! Si me amas un poco créeme que yo te amo con todo mi corazón. Este no es el comportamiento adecuado de una princesa bien educada, pero tú tienes la culpa, eras un mal chico; ahora que el hielo se ha roto mamá te abraza, pero dice que cuidado con las cartas de amor y piensa en la reputación de tu pobre Ena. Me encontrarás muy tonta pero los periódicos me han hecho sufrir con sus invectivas. Por lo tanto, querido mío, prudencia[1].*

La princesa se refería a los primeros ataques que, al irse confirmando el noviazgo, aparecieron en las cartas al director en

---

[1].- De la Cierva, p. 109.

periódicos británicos contra su presumible abandono del anglicanismo al casarse con un monarca católico.

En enero de 1906, Alfonso XIII acudió a la villa Mouriscot de Biarritz con su séquito, lugar de encuentro con la princesa Victoria Eugenia y su madre, que supuso la consagración de su noviazgo. Se sucedieron los paseos en coche de los novios, siempre acompañados, y tuvieron oportunidad de celebrar algunos encuentros solitarios en los jardines de la villa, que permanecieron en el recuerdo de la futura reina como uno de los recuerdos más hermosos de su vida. Plantaron un árbol, para cumplir con una costumbre ancestral, que también fue uno de los momentos más recordado posteriormente. A finales de ese mes, la prensa ya divulgó noticias claras sobre la boda del año, la dc un rey que se casaba por amor y no por razones de Estado.

AÑO CUATRO NUM 505. CRONICA UNIVERSAL ILUSTRADA.

ABC

MADRID, 1.º DE JUNIO DE 1906. NUMERO EXTRA. 10 CENTIMOS

EL ATENTADO DE AYER CONTRA SUS MAJESTADES

25

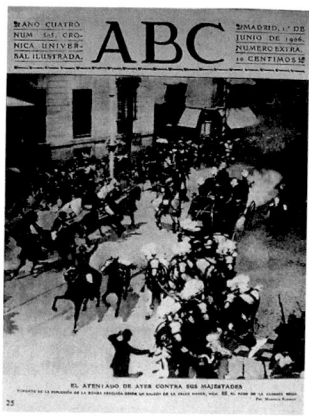

Portada del ABC con la fotografía del atentado de la calle Mayor el dia de la boda. Captada por Luis Mesonero Romanos, (nieto de Ramón, el escritor) con una cámara regalada por su padre.

Abajo la fotografía original difundida en una postal de la época

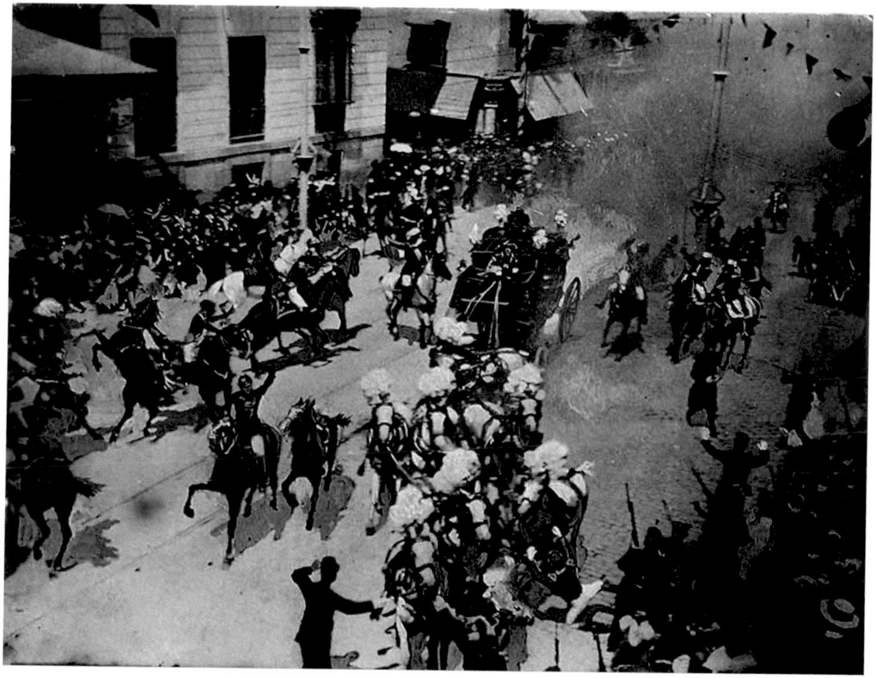

Los reyes saludan a su llegada a la plaza de toros de Madrid (mayo de 1906), para presidir la corrida con motivo de su boda. Fotógrafo desconocido.

BODAS DE SANGRE

Ena atravesó uno de los momentos más duros de su vida -y así lo recordó siempre- cuando tuvo que convertirse al catolicismo y abjurar de su fe anglicana en la que se había educado. En aquellos tiempos, la reina de España debía tener y demostrar la misma fe religiosa que manifestaba la mayor parte de su pueblo, como otras soberanas europeas, fueran protestantes, ortodoxas o católicas. En el caso español, además, se sumaba la presencia en las Cortes de algunos senadores y diputados carlistas -autoconsiderados "modernos cruzados" antiliberales- que protestarían, lo mismo que su prensa, si la futura esposa del rey no reuniese su condición de católica, imbricando la lucha política con la imagen de la Corona y la dinastía. Por todo ello, Ena intentó realizar su conversión en Francia con la mayor seriedad y rigor posible, pues no era un asunto menor. Insistió en que su novio no acudiera a la ceremonia, pues la distraería en un acontecimiento personal y sincero, lejos de cualquier rutina protocolaria. Pero no pudo apartar su pensamiento de la dura prueba interior a la que iba a ser sometida, por lo que confesó al rey que, cuando fuera mayor, aconsejaría a sus hijos e hijas que no se casaran con un monarca de diferente religión.

Se cruzaron varias cartas entre Alfonso XIII y el papa Pío X a través de la cuales intentó limar asperezas que pudiera provocar el hecho, a pesar de que las dos religiones era muy similares en sus dogmas, salvo en los que se atribuía el primado supremo de la Iglesia. Alfonso intento convencer al papa de su estado emocional, de los disgustos que dificultades y negativas papales entrañaría en el pueblo español, solicitando finalmente su permiso para el matrimonio. El papa lo concedió, pero exigió un nuevo bautismo.

Finalmente, no se produjo la conversión en tierras francesas sino españolas. Se organizó la ceremonia del sacramento en el palacio de Miramar, en San Sebastián, el 7 de marzo de 1906, pero la intimidad - deseada por Ena- no fue posible. Fueron invitados altos cargos del gobierno y de la Iglesia, ejecutándose con un protocolo que fue considerado humillante por la neófita. Un breve coro entonó el *Veni Creator* y Ena recitó la fórmula de abjuración, que consistió en una profesión de fe, en la aceptación incondicional de la supremacía del papa y el rechazo a la disciplina en la que ella se había criado. Luego se cantó el *Miserere* y se celebró la ceremonia de bautismo condicional. El obispo oficiante absolvió a la princesa y pronunció un breve elogio de la nueva católica. Celebró la misa a continuación, entregando a Victoria Eugenia un crucifijo y una medalla enviados por el papa Pío X. Terminó el rito con el canto de *Te Deum* mientras resonaban veintiún cañonazos disparados por las baterías del castillo de Urgull. En las calles de la ciudad donostiarra comenzaron a salir charangas y danzantes como manifestación de la aceptación de la población ante la conversión de su futura reina. Al día siguiente se celebró en la misma capilla de Miramar la primera comunión solemne de Victoria Eugenia al lado de su novio, para organizar su vuelta a Londres posteriormente.

Los periódicos publicaron su conversión en toda Europa y hubo miembros de la alta sociedad británica que criticaron a la princesa. Ella sintió que estaba traicionando a su país y sus parientes, pues resultaba todavía inconcebible que un miembro de la familia real británica se convirtiera al catolicismo. En las puritanas mentes de la época era casi un acto de traición. Finalizada su conversión, se hizo público de forma oficial el compromiso matrimonial tanto en Londres como en Madrid. Para evitar excesivas reacciones negativas, Victoria Eugenia firmó su renuncia a sus derechos de sucesión al trono británico, eliminándose cualquier compromiso económico con ella, aunque se le asignaría una cantidad de dinero por parte de su madre hasta su boda. Fue elevada al rango de princesa de Gran Bretaña e Irlanda para su enlace, aunque Buckingham filtró oficiosamente que no había otorgado consentimiento para su conversión, lo que fue falso, pues el rey Eduardo VII estuvo totalmente informado. En abril, en un viaje estrictamente privado, Alfonso XIII visitó a su novia en Osborne, donde ella le enseñó a jugar al golf, acudieron de compras y al teatro, recibiendo homenajes populares y siendo agasajados por la familia real de manera no oficial.

Finalmente, Victoria Eugenia emprendió su marcha a España para contraer matrimonio, siendo recibida por su novio en Irún acompañada de su madre y hermanos. Viajaron en tren hacia Madrid recibiendo entusiastas manifestaciones de apoyo y adhesión durante el trayecto por las poblaciones que atravesaron, llegando a la capital a las siete de la tarde del 25 de mayo de 1906. Alfonso XIII bajó del anden con agilidad y ayudó a su novia que causó admiración con su traje imperio de seda azul y gran sombrero italiano de paja con prendido de brillantes para sujetar el pelo, aunque los más hábiles espectadores se fijaron en el corazón de rubíes y brillantes que el rey le había regalado para la petición de mano. Fueron recibidos por la reina madre, sus hermanas, el gobierno y miembros de la Grandeza. Su comitiva emprendió la marcha hacia el palacio de El Pardo, que se acomodó como residencia de Victoria Eugenia y su familia hasta el día de la boda. Los esponsales se firmaron solemnemente en el salón de embajadores de ese palacio, bajo los tapices de Goya que la novia insistió en admirar antes detenidamente, ya que deslumbraban frente a muchas colecciones que había visto en Gran Bretaña. Muchos años después, en una entrevista, le preguntaron a Ena qué impresión le había producido la capital española en 1906, respondiendo:

> *¿Quieres que te diga la verdad? Hay que pensar que Madrid era muy pequeño. Había un hotel, el Hotel de París, con tiendas debajo y que estaba en la calle de Alcalá, esquina a la Puerta del Sol. Allí vivían los periodistas extranjeros que habían ido para hacer la crónica de nuestra boda. A este hotel lo llamaban "la fonda". Recuerdo que todas las personas que no se podían alojar en palacio tenían que ir a las distintas casas de los grandes, porque no había hoteles. Ese era el único. Así es que Madrid, comparado con Londres, magnífico en aquella época, a mí me parecía pequeño. No me refiero a palacio, que era estupendo ¡La Casa de Campo, El Pardo…!*

Todo eso era ideal, pero la población de Madrid me hacía el efecto de ser muy pequeña[2].

La boda se fijó el 31 de mayo en la iglesia de San Jerónimo el Real, cerca del Museo del Prado, resto del fabuloso monasterio junto al cual el conde duque de Olivares había impulsado la construcción de un palacio barroco para el rey Felipe IV en el siglo XVII. Su puso mucho interés en ofrecer una fastuosa representación pública de la Monarquía española ante la sociedad y los representantes extranjeros de las Casas Reales europeas y asiáticas que asistieron invitados.

Al amanecer del día señalado, la población madrileña comenzó a inundar las calles del trayecto regio entre el templo y el palacio real, a través de la plaza de Neptuno, la carrera de San Jerónimo, la Puerta del Sol y la calle Mayor para desembocar en la de Bailén.

A las seis y media de la mañana, Alfonso XIII acudió al palacio del Pardo para oír misa y comulgar con su novia, desayunando juntos y marchando a Madrid a continuación, donde el rey entró por una puerta incógnita a palacio y Victoria Eugenia se dirigió al Ministerio de Marina, muy próximo a la iglesia, para vestirse de novia de encaje blanco, con el velo que la reina madre había llevado en su boda. Su traje nupcial -regalo del novio- fue un diseño de Julia de Herce, confeccionado con encajes ingleses por un equipo de cuarenta oficialas. Pese a la presencia de numerosos hombres, sólo se permitió el acceso a 200 señoras

---

[2].- Gómez Santos, p. 102.

pertenecientes, en su mayoría, a familias militares que habían acudido al Ministerio por rigurosa invitación para contemplar a la novia desde la escalera. Una comisión del Instituto Agrícola Catalán de San Isidro le regaló un ramo de azahar y un pañuelo de encaje fino, confeccionado por las obreras de Arenys de Mar. El manto que lució Ena había pertenecido a Isabel II y, como recordaría más adelante

> *Era blanco todo, con encaje; muy rico pero blanco, blanco. Como el de las novias. Solamente que el mío era enorme, larguísimo. Entonces hubo que alargarlo porque la reina Isabel era pequeñita y, además, lo había mandado hacer para lucir desde la cintura. La reina Cristina quiso que el mío partiese desde debajo de los brazos, dejando éstos al aire. Claro que de esta manera hacía la figura más esbelta, pero el arreglo costó muchísimo dinero ¡Ya lo creo!*[3]

A las diez y media el novio ya estaba en San Jerónimo, junto a la multitud de invitados nacionales y extranjeros, pero el cortejo de Victoria Eugenia se retrasó de forma alarmante porque el presidente del gobierno, el liberal Segismundo Moret, se había dormido inconcebiblemente. El rey besó la mano de su madre, que entró con la novia, y el cardenal primado Sancha inició la ceremonia nupcial preguntando si alguien conocía algún impedimento para el enlace, pasando posteriormente a celebrar la misa nupcial, el *Te Deum* y la firma del acta en el claustro. A continuación, se puso en marcha hacia palacio el gran cortejo con más de cuatrocientos caballos que tiraban de diecinueve carrozas reales y veintidós de grandes

---

[3].- Gómez Santos, p. 116.

de España. María Cristina de Habsburgo y la princesa Beatriz ocuparon el coche de caoba y los reyes de España se subieron al de la Corona. La gente demostró su entusiasmo y su apoyo a la Monarquía durante el trayecto, pero, al haberse recibido anónimos de amenaza de atentados unos días antes, cierta tensión volaba sobre algunos de los protagonistas. A las dos de la tarde, Alfonso XIII, al ver la esquina de la calle de Bailén, muy cerca de palacio, comunicó a Victoria Eugenia que ya no había peligro. Pero, antes de que la reina pudiera preguntar a qué se refería, frente al número 88 de la calle Mayor el anarquista asesino Mateo Morral tiró una bomba -envuelta en un ramo de flores- a la carroza real con la intención clara de matar a los monarcas. Al estruendo siguió el pánico y el humo, los cuerpos caídos, algunos caballos destrozados, la sangre a chorros de veintiocho muertos y unos cien heridos, varios de ellos ciegos. Uno de los ocho caballos del tiro yacía muerto y la carroza, medio desecha, se inclinaba al lado derecho. Los condes de Grove y de Fuenteblanca se acercaron cuando pudieron y Alfonso XIII demostró su valentía y serenidad en todo momento. Cubrió con su cuerpo al de su novia y la ayudó a subir al coche de respeto para emprender, nuevamente, la marcha hacia palacio. Posiblemente, el gesto del rey, unos momentos antes de estallar la bomba, al girar a la izquierda a su esposa para enseñarla la iglesia que se encontraba en ese lado de la calle, les salvó la vida. Varios nobles escoltaron al coche de los monarcas, entre ellos el duque de Hornachuelos, con la espada desnuda y la cara ensangrentada, mientras el duque de Sotomayor, herido grave, daba escolta por otro lado.

Si bien Victoria Eugenia estaba suficientemente informada de los peligros que se cernían sobre los reyes, no por ello dejó de ser un hecho que tuvo que superar con el tiempo. Anarquistas y demagogos pretendían acabar con las Monarquías asesinando a sus titulares, con la intención de provocar el caos político o una represión brutal posterior que animara a la población a la revolución. No hacía mucho tiempo que la emperatriz Isabel de Austria había sido apuñalada en Suiza; el rey Humberto I de Italia y el emperador Alejandro II de Rusia habían muerto asesinados y su propio marido, Alfonso XIII, había sufrido un atentado cuando realizó su visita oficial a Francia en 1905. La joven reina demostró a los españoles, por primera vez, su entereza y capacidad para sobreponerse a los desastres, por muy dramáticos que fueran. Muchos años después, en declaraciones a la prensa, Victoria Eugenia confesaría la impresión que le produjo tanta sangre y los cadáveres destrozados y salvajemente mutilados.

Los reyes y sus invitados trataron de mostrar su profesionalidad una vez superados los primeros momentos y conocer el alcance del atentado. La infanta Isabel, con su experiencia y dominio, ayudó a organizar el protocolo para el triste almuerzo en palacio, donde nadie comentó la tragedia. Al finalizar, el rey cortó un pedazo de la tarta nupcial, iniciándose esa costumbre en la sociedad española como colofón final. Se dispusieron libros en los bajos del palacio donde firmaron más de 30.000 personas mostrando su adhesión a la Monarquía y el rechazo del criminal atentado. Además, en los días siguientes, se recibieron cientos de cartas de condolencia de España y de todo el mundo, al tiempo que mostraban su alegría al saber que ninguno de los reyes había resultado herido o muerto.

El asesino anarquista se evadió con tranquilidad del lugar del crimen, vagando por varias calles, recibió hospitalidad del escritor anarquista y masón José Nakens. Como sabía que la policía le estaría buscando, trató de fugarse hacia Barcelona, asesinando a un pobre guardia jurado que le reconoció en Torrejón, suicidándose entre la maleza. Muchas gentes sencillas maldijeron su cadáver cuando le encontraron.

Victoria Eugenia continuó demostrando entereza y valor tras el atentado sufrido cuando, al día siguiente a su boda, salió al balcón del palacio real para saludar a la población y, junto a su marido, realizó algunos recorridos en coche de caballos sin casi escolta por las calles de la capital, demostrando la confianza de los monarcas en su pueblo. Se celebró una recepción al cual se presentó la reina con traje blanco de encaje y manto rojo con bordado de castillos y leones, además de sus mejores joyas rematadas por una diadema de brillantes. El 2 de junio se festejó una corrida de toros, bajo la presidencia de los jóvenes monarcas, a la que se negaron a asistir los príncipes de Gales y los miembros de su séquito. La reina arrancó una ovación de gala cuando se presentó en el palco principal de la plaza de toros tocada con mantilla blanca de encaje adornada con claveles con los colores de la bandera española. Admiró el arte de los rejoneadores, ya que los caballos no fueron heridos, pero manifestó su profesionalidad al no revelar terror ante el desarrollo de la corrida, pues, entonces, los caballos de los picadores no tenían protección y los toros les clavaban sus astas, desparramándose en ocasiones las tripas por la arena llenas de sangre. Pero se le ocurrió un recurso para mantener el gesto tranquilo, mirar el ruedo con los prismáticos al revés, de tal manera que la imagen se alejaba de la vista.

La pareja pasó su luna de miel en el Real Sitio de La Granja de San Ildefonso desde el 10 de junio, un fresco lugar para días de calor, muy ligado a la vida de la infanta Isabel, *la Chata*, la tía preferida de Alfonso XIII. Cuando, unos meses más tarde, Ena comprobó que estaba embarazada, se sintió tan feliz por cumplir el deber de otorgar un heredero a la Corona, que se lo hizo saber a su madre y a su prima María, princesa de Gales, por carta. La noticia la unió más a su marido que veía a su lado a una mujer bella, fuerte y sana de la que estaba enamorado.

Además, gracias a ella, el rey de España había elevado el alto grado de parentesco con otras familias reales europeas. En la primera mitad del siglo XIX, se habían producido enlaces matrimoniales con las casas reinantes en Portugal y con los pequeños reinos de Nápoles, Baviera y Sajonia. La primera esposa de su padre, Alfonso XII, había sido una Montpensier -una dinastía derrocada- y la segunda, María Cristina, una Habsburgo del Imperio austrohúngaro. Pero ahora su boda con la princesa británica suponía enlazar con las grandes potencias. La reina era sobrina del rey Eduardo VII y prima de Jorge V de Gran Bretaña; también era prima hermana de la emperatriz Alejandra de

Rusia, del káiser Guillermo II de Alemania, de la reina Maud de Noruega, del duque de Sajonia-Coburgo, del gran duque de Hesse y de las princesas herederas de Rumanía, Suecia y Grecia. Este capital simbólico era importantísimo en aquellos tiempos, pues suponía acceder a espacios de la alta política reservados para muy pocos, en una época en que los partidos políticos deseaban emprender una política regeneracionista que impulsara a España a una posición mejor en el concierto de naciones europeas.

El 22 de diciembre de 1906, el duque de Villamayor, jefe superior de palacio, escribió a los principales jefes de los diferentes ramos de la administración palatina para comunicarles que la reina se encontraba en el quinto mes de embarazo. A continuación, comenzaron los preparativos para el nacimiento del futuro hijo, ordenándose que en la misa de la Capilla Mayor se pronunciara la oración *pro muliere proegnante* (por la mujer progenitora) y la camarera mayor de la reina organizó la visita de la misma a diversas iglesias de Madrid donde se veneraban imágenes muy populares. Así, entre otras, visitó la iglesia de Sacramento donde imploró un feliz alumbramiento a la Virgen de la Almudena; en la del Buen Suceso a Nuestra Señora de Atocha; en la parroquia de San Luis a la Virgen del Buen Parto y en la del monasterio de las Descalzas Reales a Nuestra Señora del Milagro. No solamente hacía profesión pública de su reciente fe católica, sino que Victoria Eugenia subrayaba su condición como reina de España al realizar los mismos actos que sus antecesoras y solicitaba -como cualquier española- la ayuda de la Virgen en un momento decisivo, identificándose más con su pueblo.

Paralelamente, se encargaron las prendas de la canastilla del bebé que iba a nacer. Si bien la reina no fue a comprarlas -algo impensable en aquellos tiempos- tuvo muy claro que debía no sólo solicitar algunas a reputadas empresas extranjeras -normal en miembros de una elite europea cada vez más internacionalizada- sino que había que promocionar la producción española, comprando elementos típicos como las mantillas. Se encargaron todo tipo de prendas para el ajuar al asilo de María Cristina, al colegio de María Santísima de los Desamparados, a la Casa de Misericordia de Santa Isabel y a la de San Alfonso, por lo que, además de fomentar su consumo, se realizaba una obra de caridad en favor de la producción de instituciones caritativas. El gesto real -como muchos otros- solía ser imitado por familias pudientes, de tal manera que ello redundaba en esos establecimientos. Asimismo, se encargaron prendas, sábanas y juegos de cama a tiendas de Londres y París.

El 23 de abril de 1907 se envió una carta al Real Convento de Religiosas Dominicas de la capital para solicitar el traslado de la pila bautismal de Santo Domingo de Guzmán con el fin de administrar el sacramento al hijo o hija de los monarcas. En los días sucesivos, se solicitaron dos botellas de agua del río Jordán a la Obra Pía de Jerusalén, la Santa Cinta de Tortosa, el báculo de Santo Domingo de Silos y el bastón de santa Isabel de Hungría, reliquias y objetos para obtener un buen parto y estar presentes en la ceremonia de bautismo. Todo ello era tradicional en la corte española y el protocolo se repetiría en los sucesivos alumbramientos de Victoria Eugenia.

La joven reina, además de cumplir con la costumbre, solicitó la llegada de su madre, de una enfermera -la señorita Green- y de un médico -Bryden Glandinning- británicos para poder comunicarse con ellos en inglés. Y es que nadie le había enseñado español ni se había pensado en contratar un profesor antes o después de su boda. Un hecho que, gracias al estudio que había tenido de idiomas, la propia Ena intentó resolver por sí misma, pero todavía no se sentía totalmente segura en un momento tan decisivo en la vida de una mujer como su primer parto. Tras casi doce horas, nació un niño de cuatro kilos y algunos gramos, siendo anunciado por el presidente del gobierno, el conservador Antonio Maura, a las doce y cuarenta minutos del 10 de mayo de 1906. El rey ordenó que se colocara en la parte más alta de la esquina de palacio, la punta del diamante, una bandera española, para indicar a la población que aguardaba noticias en el exterior que había nacido un varón.

El príncipe de Asturias fue bautizado con los nombres de Alfonso, Pío, Cristino, Eduardo, Francisco, etc., siendo padrinos su abuela la reina María Cristina y el papa Pío X, representado por el cardenal Rinaldini. Estuvieron presentes en el acto, además de familiares, el presidente del gobierno y varios ministros, simbolizando la esencia constitucional de la Monarquía. Al recién nacido, su padre le impuso el Toisón de Oro el día 18 de mayo, con la intención de subrayar todavía más su condición de heredero al trono y de vincularlo con sus antepasados, en un acto que fundía la tradición con la historia nacional. Se repartieron regalos y gratificaciones a miembros del personal afectados por la preparación de estos actos y se hicieron donativos para celebrar el nacimiento. Eso sí, pese a la falsa leyenda que se divulgó posteriormente, no se procedió a ninguna circuncisión del recién nacido.

Pero no todo fue tradición pues los tiempos aconsejaban divulgar, cada vez más, este tipo de sucesos familiares imbricando un mayor carácter colectivo, impulsando el concepto de la Corona como institución nacional. De todos los hijos e hijas de Alfonso XIII, quien recibió mayor publicidad en los medios gráficos, abundando las fotografías de la presentación ante testigos y la ceremonia del bautizo, fue su primogénito, el príncipe Alfonso. La prensa gráfica -como la revista *Nuevo Mundo*- publicó, además, fotografías sobre la presencia del gobierno y de los embajadores extranjeros en el acto de presentación del recién nacido en palacio, además de imágenes de las filas de personas que acudieron a firmar en los libros que se dispusieron en los bajos del palacio real. Fue una forma moderna -la recogida de firmas- para demostrar la adhesión del pueblo a la Corona, buena muestra del interés de la misma por ahondar en esa ampliación del espacio público de las ceremonias palatinas apuesta que se veía prioritaria desde el siglo XIX. Un paso dentro de las llamadas *Monarquías escénicas* europeas, donde la exposición pública se convirtió en un auténtico espectáculo con el nuevo siglo. Las fiestas populares, las grandes ceremonias o los eventos de masas fueron acontecimientos que los monarcas europeos impulsaron para así legitimar su permanencia.

Y, cuando todo volvió a su cauce cotidiano, la imagen de

Victoria Eugenia parecía consolidada a nivel popular, pues había logrado dar un heredero varón -lo que en aquella época se identificaba con solidez y fortaleza-, al que deseaba amamantar ella misma. Ese gesto le proporcionó afecto entre la ciudadanía, al vislumbrarla como una mujer más natural que las reinas anteriores, ya que su decisión de dar el pecho a su hijo no era algo habitual en la corte española, acostumbrada a las amas de cría burgalesas o pasiegas. Pero, desgraciadamente, con el paso del tiempo se descubriría que el heredero había nacido hemofílico, puesto que su madre era portadora de una enfermedad desastrosa por vía familiar, como descendiente de la reina Victoria de Gran Bretaña. En principio, los médicos notaron la delicada salud del niño, pero Alfonso XIII también había sido diagnosticado así en su infancia. En octubre de 1907, a los seis meses de su nacimiento, los reyes realizaron su primer viaje oficial juntos a París y Londres, llevándose, pese a su corta edad, al príncipe con ellos. Tal vez entonces -aunque no hay pruebas documentales- visitaran algún médico extranjero. Poco a poco, se supo de la "delicadeza de su complexión y de su piel fina", como se decía en esa época. Si bien dos hermanos de la reina también reunían esas características, habían viajado normalmente a España para la boda de su hermana y emprendido su carrera militar. Tres años después fue cuando se apreciaron las dificultades que tenía el príncipe de Asturias para frenar las hemorragias, como atestiguaron la princesa Pilar de Baviera y el infante don Jaime, segundo hijo de los reyes, muchos años más tarde.

Un acontecimiento familiar, decisivo en la vida de Ena, fue el noviazgo de un primo del monarca, el infante Alfonso de Orleáns con su gran amiga y prima la princesa Beatriz de Sajonia Coburgo -a la que llamaba *Bee*- cuya presencia en Madrid sería recibida con gran alegría por la reina. Sin embargo, al negarse la princesa a abandonar la fe protestante en la que se había educado -aunque permitiría que sus hijos profesasen el catolicismo-, el gobierno conservador se opuso, aunque los novios contaran con el apoyo del rey. Los ministros adujeron que la oposición liberal aprovecharía políticamente el permiso concedido por las Cortes para celebrar esa boda y reclamaría mayor libertad de cultos, con apoyo de los republicanos, lo cual provocaría la protesta en las calles de los católicos y los carlistas por el enlace de un príncipe español con una protestante. Y esas dificultades no debían producirse en aquellos momentos en los que se buscaba otorgar mayor estabilidad al país.

Caravana automovilística frente al Palacio Real con motivo de la boda de Alfonso XIII y Ena. Fotógrafo desconocido.

2. AÑOS DE ESPERANZAS

Pág ant: Victoria Eugenia por Joaquín Sorolla hacia 1918. Palacio de Viana, Córdoba.
En esta pág. Victoria Eugenia visita el Banco de España el 28 de mayo de 1915 Óleo sobre lienzo de 1916 144 x 215 cm. Por Asterio Mañanós (Banco de España).

1909: LA LLAMADA DE ÁFRICA

Tras la alegría del primer hijo, la reina aceptó cumplir con lo que de ella se esperaba y se dedicó a alumbrar niños una vez cada año, prácticamente. De esta manera, el segundo hijo de la pareja nació el 23 de junio de 1908, al que se le impuso, en primer lugar, el nombre de Jaime. Tras lo cual los monarcas tuvieron una primera crisis matrimonial. El 5 de agosto, desde San Sebastián, escribió a su marido una carta donde le confesó que se sentía triste al saber que no se verían en una semana -el rey se iba a Santander a participar en un partido de polo- y por marcharse él sin casi despedirse. "Hemos estado juntos poco tiempo últimamente".

En sus siguientes cartas, le comunicó que, si bien los niños estaban delicados, se habían recuperado, los había llevado al fotógrafo, pasando mucho tiempo con ellos "y así me parece que alivio tu ausencia". El 7 de agosto le escribió "la última noche tuve mucho frío y la cama parecía terriblemente grande y vacía. Ansiaba tenerte al lado para acunarte y así poderme calentar (…) Besándote con todo mi cariño, sigo siendo tu devota esposa desde hace mucho tiempo". Alfonso le contestó y volvió el intercambio de cartas como en su noviazgo. La armonía se restableció y la reina partió a Inglaterra para pasar unos días con su madre, por lo que Alfonso la acompañó hasta Burdeos, después de pasear en automóvil por los lugares de su noviazgo en Biarritz, dos años antes. El 15 de agosto, Ena finalizó otra carta con "Dios te bendiga Alfonso. No te puedes figurar cómo te echo de menos. Muchos besos de tu mujer que te quiere con toda su alma".

A los pocos meses, quedó nuevamente embarazada, aunque, no por ello, Ena dejó de lado sus obligaciones como reina, una de las cuales era impulsar las actividades de beneficencia. En este sentido, a comienzos de 1909 convocó en sus habitaciones palatinas a un conjunto de mujeres de la alta sociedad que se constituyeron en la primera junta de una nueva asociación llamada *Ropero de Santa Victoria*, cuyo fin fue el reparto de ropa entre las familias más necesitadas[4]. No debe olvidarse que -para los cristianos - esta quinta obra de misericordia invitaba a revestir a los prójimos con dignidad, pues, en contraste con la desnudez, para la Biblia el vestido es signo de la dignidad humana, propia de su condición espiritual. Cuando Jesucristo habló del Juicio Final, puso de relieve que todo lo que los cristianos hicieran o dejaran de hacer a los hermanos necesitados lo harían o dejarían de hacer a Él mismo. Por eso dijo: "estuve desnudo y me vestisteis" (Evangelio de San Mateo, 25, 36).

La primera reunión organizó una junta central para la toma de decisiones -presidida por Ena- que impulsó las juntas parroquiales de la asociación en Madrid, ordenando que empezaran trabajos de propaganda. El reparto de ropas pretendió impulsar el trabajo y las actividades caritativas de tal manera que se intentó que las familias no sólo compraran prendas para donarlas al ropero, sino que las elaboraran

---

[4].- *La Época*, 2 de enero de 1909.

ellas mismas evidenciando un mayor compromiso cristiano. En este sentido, la reina junto a su suegra comenzó a tejer y confeccionar ropa personalmente, lo cual fue divulgado por la prensa para provocar un efecto imitación en la sociedad. Al año siguiente, *ABC* anunció que la reina madre María Cristina había confeccionado personalmente 150 prendas para donar a los más necesitados. Los roperos se ubicaron en iglesias o conventos, siempre bajo dirección femenina, colaborando en sus actividades, con el paso del tiempo, las damas enfermeras de la Cruz Roja. Y, de esta manera, durante todo el reinado, miles de personas se beneficiaron de estas ayudas. También Victoria Eugenia propuso -y consiguió- que, para conmemorar el nacimiento del príncipe de Asturias, se creara un instituto para niños abandonados y delincuentes, un reformatorio moderno, para tratar de lograr su reinserción social.

El 22 de junio de 1909, la reina dio a luz a su primera hija, Beatriz, en el Real Sitio de La Granja. El rey, entusiasmado, llegó a escribir "La reina nos ha dado una niña, dulce flor de mi florido cercado". Para hacer extensiva su felicidad, Alfonso XIII firmó varios decretos indultando de la pena de muerte a cuatro reos, además de otros condenados a cadena perpetua y penas más leves, algunos de ellos anarquistas. Fueron años de aparente felicidad para la pareja real y de una estabilidad política inhabitual en mucho tiempo, pues el conservador Antonio Maura había formado gobierno en enero de 1907 y todavía se mantenía en el poder con apoyo de las Cortes, desarrollando un ambicioso programa de regeneración política, impulso naval y crecimiento económico.

Pero un acontecimiento comenzó a ensombrecer el panorama pues, al mes de nacer la infanta Beatriz, estalló un conflicto bélico en torno a la ciudad de Melilla, como consecuencia de ataques de rifeños a obreros que construían la línea de ferrocarril, lo que motivó la intervención de tropas españolas. Comenzó de esa manera la Campaña de Melilla, lo que impactó en las familias de los soldados y oficiales que, en los siguientes meses, se batieron en tierras africanas, llegando a la península las primeras noticias de muertos, heridos y desaparecidos. Para empeorar el ambiente, el infante Alfonso de Orleáns y la princesa Beatriz de Sajonia Coburgo contrajeron matrimonio, en esos momentos, sin el permiso de las Cortes y del rey, lo que hizo que el presidente Maura aconsejara al monarca que firmara un decreto exonerando al infante de su dignidad y honores, lo que causó una enorme tristeza en la reina.

A finales del mes de julio de 1909, Victoria Eugenia asumió una iniciativa abriendo una suscripción pública para conseguir recursos -mediante donaciones- para socorrer a esas familias. Las mujeres que lo comenzaron a organizar propusieron al rey que su esposa fuera la presidenta, lo que aceptó -en su nombre- inmediatamente. Ena fue consciente de que la muerte o la invalidez de un soldado en campaña repercutía poderosamente en su familia, al quedar desamparada y sin recursos en muchas ocasiones. Organizó una junta central bajo su presidencia, siendo secretaria la condesa de Serrallo -esposa del jefe del cuarto militar del rey- y tesorera María Bernal de Allendesalazar, cuyo marido era ministro de Estado. A continuación, Ena procuró la formación de juntas regionales y provinciales, pues eran necesarias para impulsar y dar a conocer su iniciativa. A finales de agosto, la junta central acordó realizar el primer reparto de fondos a padres, huérfanos y esposas de soldados fallecidos, por lo cual se hizo un llamamiento general para que, quienes tenían derecho a estas ayudas, presentasen su petición ante las juntas provinciales. También se acordó la entrega de ayudas económicas a soldados heridos, dependiendo la cantidad donada de su gravedad. Cabe subrayar el hecho de que la suscripción de Victoria Eugenia se destinó a las clases más humildes, por lo que las familias de los oficiales caídos o lesionados tuvieron que recurrir a las ayudas de las asociaciones de mutuos auxilios de sus respectivas armas.

Durante la duración de la campaña, fueron publicadas en la prensa hasta cuarenta listas de personas agraciadas y la cantidad de dinero recibida. La última fue anunciada el 17 de enero de 1910, siendo la suma final recaudada de donativos de 2.403.435 pesetas. Para comprender la importancia de la cantidad distribuida, en ese año el alquiler mensual de una casa con jardín, cuadra y agua en el barrio madrileño de Canillejas oscilaba entre 35 y 60 pesetas.

Se repartieron socorros a más de 1.500 familias humildes, destinándose 345.000 pesetas a los Colegios de Huérfanos de la Armada, Infantería, Caballería, Artillería e Ingenieros, 50.000 al de Huérfanos de Guerra, 55.000 a los de Guardias Civiles y Carabineros, 15.000 a la formación del Colegio de Huérfanos de Estado Mayor y Sanidad Militar, más otras 5.000 a la Asociación Benéfico-Escolar de Huérfanos para becas de estudios. El sobrante se ingresó en la caja del Cuerpo de Inválidos, a disposición de futuras necesidades. Por su parte, su suegra, la reina María Cristina, aceptó la presidencia de otra junta benéfica, encargada de allegar recursos para la Cruz Roja y para familias de reservistas, bajo la vicepresidencia de la marquesa de Squilache, que también era vocal de la junta central de la citada organización sanitaria[5].

Victoria Eugenia encabezó -como presidenta honoraria- la suscripción de la Cruz Roja con 25.000 pesetas; la madre del rey envió 15.000 y los infantes don Antonio, don Fernando y don Carlos donaron 10.000 cada uno. El general Polavieja, en aquellos momentos comisario regio de la Cruz Roja, decidió trasladarse a Andalucía para organizar la asistencia sanitaria en los puertos, mientras la junta central de damas preparaba una expedición hacia Melilla, solicitaba ayuda a personalidades, directores de periódicos y otros profesionales para recaudar fondos y organizaba una serie de eventos -festivales, tómbolas, rifas- para conseguir dinero o material. Y así, en los meses siguientes, se enviaron a Melilla medicinas, ropas, mantas, tiendas de campaña, camillas, ambulancias y botiquines de campaña. Incluso la madrina de Ena -la emperatriz Eugenia de Montijo- envió un "perro ambulancia", llamado así porque estaban especializados en buscar heridos dentro de un área determinada en el campo de batalla. El sentido del olfato y el oído agudo del perro le permitían detectar la respiración de un soldado herido cuando era inaudible para el oído humano. Y una simple ráfaga de viento a menudo

---

[5].- Archivo General de Palacio (en adelante: AGP), 12.956/22.

era suficiente para llevar a su hocico el olor de un hombre inconsciente[6].

Tanto en una como en otra suscripción se volcaron los españoles, así como Ayuntamientos, sociedades y particulares en la cesión de edificios para hospitales de los heridos provenientes de África, lo que los historiadores han olvidado al obsesionarse con la Semana Trágica de Barcelona. El 27 de enero de 1910, la junta de la Cruz Roja consideró finalizada esta campaña, semanas después del alto el fuego en Melilla con la victoria militar española. A finales de ese mes, la Real Casa anunció que la reina se encontraba en el quinto mes de un nuevo embarazo. Sin embargo, el que habría sido infante don Fernando nació muerto, lo que provocó la ruptura de la secuencia de embarazos y partos mantenida hasta ese momento, por lo cual transcurrió un año y medio hasta que la reina diera a luz de nuevo. La única circunstancia positiva fue la consolidación política del nuevo presidente del Consejo de Ministros, el liberal José Canalejas, que abría un periodo de reformas y estabilidad que duraría más de dos años, acercando hacia la Monarquía a numerosas personalidades públicas con el apoyo incondicional de Alfonso XIII que, cada día, ganaba más popularidad entre los españoles como monarca constitucional. Sin embargo, había comenzado ya sus periodos de depresión moral, consecuencia y producto de sus preocupaciones y disgustos. Los motivos familiares se combinaron con las frustraciones políticas de que sería testigo a lo largo de su reinado, consolidando un desgarramiento interior.

---

[6].- AGP, 15.599/8.

VISITAS REGIAS A LOS HERIDOS DE AFRICA

Córdoba.—S. M. la Reina durante su visita á la Catedral, atravesando, bajo palio, el patio de los Naranjos

Córdoba.—S. M. la Reina d'rigiéndose á visitar á los soldados heridos que reciben asistencia en el Hospital Militar

Sevilla.—S. M. la Reina Doña Cristina, en una de las salas del hospital instalado en el Palacio de Bellas Artes de la futura Exposición Hispanoamericana, conversando con los heridos de la guerra que reciben asistencia en él   FOT. SERRANO

Mundo Gráfico, 1912.

Un oficial herido en la guerra de África hacia 1918, besa la mano de la reina Victoria Eugenia en el hospital de la Cruz Roja de Madrid. *Mundo Grafico*.

En la firma de los Acuerdos de Cartagena entre Alfonso XIII y Eduardo VII. 1907.

ENTRE EMBARAZOS Y CAMPAÑAS MILITARES

En 1911, volvió a coincidir el nuevo embarazo de la reina con una nueva acción militar en el norte de África, llamada la Campaña del Kert, cuando harkas rifeñas, lideradas por Mohammed Ameziane, El Mizzian, se rebelaron contra el avance español en el Rif Oriental. Y es que España había adquirido, desde el tratado de Algeciras de 1906, el acuerdo de ayudar a imponer y organizar la administración del sultán de Marruecos en la zona del Rif, una región en torno a Ceuta y Melilla llena de tribus primitivas, divididas, acostumbradas al pillaje por su economía de subsistencia y que, durante siglos, habían puesto en cuestionamiento la autoridad del monarca marroquí. En ese año, los gobiernos español y francés se habían dividido el espacio geográfico del Imperio marroquí con esa misión, pero, mientras a Francia se le asignó el territorio más rico, asentado, urbano, acostumbrado a aceptar las órdenes del gobierno del sultán, a España le tocó un espacio que era todo lo contrario, en un compromiso internacional ante las grandes potencias europeas en que se jugó su prestigio e imagen.

Con permiso del gobierno, el exinfante Alfonso de Orleáns se incorporó a las fuerzas militares españolas en el regimiento de San Fernando, participando en primera línea del frente. Su esposa, Beatriz de Sajonia se llenó de ansiedad por la falta de noticias, por lo que Victoria Eugenia la envió recortes de periódicos a su amiga para tranquilizarla, los cuales demostraban que su marido se encontraba a salvo.

Si yo pudiera cargar tus preocupaciones sobre mis espaldas, lo haría. Preferiría mil veces que Alfonso estuviera en la guerra en vez de Ali porque yo llevo casada cinco años y tú tan corto tiempo. Pero estoy segura de que Dios cuidará de tu ser querido y que tendrás muchos años felices[7].

Su presencia en las fuerzas de África durante toda la campaña del Kert, la llegada de su esposa a Melilla y Málaga -en su sexto mes de embarazo- para visitar tanto a su marido como los hospitales durante dos semanas y su servicio como intérprete ante los agregados militares extranjeros facilitaron que el presidente del gobierno, José Canalejas, de acuerdo con el rey, propusiera a su gobierno la rehabilitación como infante de Alfonso de Orleans. Ello suponía, para la reina, la vuelta de su amiga Beatriz a España.

Nuevamente, se organizaron comités femeninos para realizar actividades benéficas de todo tipo con las familias de soldados. Se pusieron en marcha las estructuras generadas dos años antes y se esperó igualmente el liderazgo oficial de las mujeres de la familia real. Así, en noviembre de 1911, la reina Victoria Eugenia nombró al general Joaquín Sánchez Gómez -comandante general de la guardia palatina de alabarderos- como encargado de la distribución de socorros a las familias de los muertos y heridos por la Campaña de Kert con el remanente de los fondos recaudados en 1909. Los mismos ascendían a la cifra de 217.094 pesetas, para lo cual fue auxiliado por el conde de Aybar, secretario del rey. De este remanente se enviaron 15.000 pesetas

---

[7].- Sagrera, 188.

al mes siguiente para distribuirlas entre los heridos de los hospitales africanos y otras 195.070 pesetas fueron distribuidas en los meses siguientes. De las mismas, 167.500 (el 85,8%) se destinaron a familiares de soldados fallecidos en campaña y el resto a heridos y pensiones de viudas de oficiales[8].

Un mes más tarde, el 12 de diciembre, nacía la infanta María Cristina, repitiéndose los mismos ceremoniales y protocolos de bautizos de sus hermanos, salvo los atribuidos a los príncipes de Asturias. Si la primera hija había recibido el nombre de la madre de la reina, ahora resultó lógico que llevara el de su suegra. Días antes, la reina continuaba al frente de sus obligaciones, al procederse al reparto de prendas del Ropero de Santa Victoria, cuya obra se había consolidado desde su fundación, situado en el madrileño colegio del Sagrado Corazón. Si en 1910 se habían repartido 46.000 ropas, en esos momentos se llegaron a 50.000 en la capital. A los hombres se les entregaba un lote consistente en muda, traje de pana, pelliza, botas de cuero, gorra, bufanda y pañuelo, mientras a las mujeres se les proporcionaba traje, ropa interior y, si estaban embarazadas, envoltura y sábanas. Se había logrado instituir dicha organización en San Sebastián, Valencia, Murcia, Sevilla, Bilbao, Granada y Segovia, continuando, en los siguientes años, su expansión por toda la geografía española. En 1915 se llegaron a distribuir 51.045 prendas a 21.227 familias en Madrid. El nombre de la institución aludió al de la reina claramente para divulgar y potenciar la identificación entre la consorte regia y la acción social[9].

---

[8].- AGP, libro 5.660.

[9].- *ABC*, 3 de diciembre de 1911.

Una vez recuperada del parto, El 10 de enero de 1912, la reina presidió, en palacio, la nueva constitución de la asociación femenina que se había encargado de recabar fondos para los heridos y familias en la anterior campaña de Melilla. Los miembros de la familia real encabezaron, con sus donativos, una nueva suscripción nacional que, nueve meses más tarde, lograría la cantidad de 1.082.391 pesetas. Si bien al año de constituirse la asociación la reina distribuyó públicamente los últimos fondos, continuaron llegando donativos para las familias hasta las vísperas del comienzo de la Primera Guerra Mundial. La imaginación y creatividad de Ena -unidas a sus sinceros deseos de sentirse útil a los demás- se volcaron no sólo en estas actuaciones relacionadas con la política africana, sino también en la promoción y consolidación de instituciones de caridad, beneficencia y ayuda social.

Ena, Alfonso XII y la familia en el bautizo de la infanta Beatriz en 1909.

Ena con Alfonso XIII y el resto de la familia real (están las infantas Paz, Isabel, Luis Fernando de Baviera y otros), hacia 1909 delante de la fachada del palacio de La Granja. Fotografía de Francisco Goñi.

La reina, Victoria Eugenia, y el rey, Alfonso XIII, presiden una corrida de toros en Segovia. Año 1910.

Ena.

ENA Y LA CRUZ DE LORENA

El ámbito de acción social de Victoria Eugenia se amplió sucesivamente a lo largo del reinado de Alfonso XIII, alcanzado esferas como la lucha contra la tuberculosis, esa terrible enfermedad contagiosa que hacía estragos desde tiempos inmemoriales. Fue también llamada consunción, tisis, mal del rey, peste blanca o plaga blanca. En 1895, poco después del descubrimiento del agente microbiano responsable de la terrible peste blanca, se celebró en París el I Congreso internacional contra la tuberculosis, en el que acordaron sistematizar la lucha médico-social correspondiente, adhiriéndose España a estos acuerdos. En 1902 se celebró otra reunión en Berlín, en la que se propuso como símbolo la cruz de Lorena. Pero las dificultades económicas del Estado español retrasaron hasta 1906 la creación, por Real Decreto, de la Liga Popular Antituberculosa. Después de intensas campañas en las que la misma defendió la fundación de dispensarios y sanatorios por todo el territorio nacional, sus miembros se desalentaron al ver que los poderes públicos no les ayudaban suficientemente en esa tarea

En febrero de 1906 se constituyó en el Ministerio de la Gobernación la comisión permanente contra la tuberculosis, la cual se apoyó en la Liga Antituberculosa española. En octubre de ese mismo año se fundó en la capital el Real Dispensario antituberculoso Victoria Eugenia, bajo el patrocinio de la reina, entendido como consultorio gratuito de enfermedades de pecho, en los cuales se hacía propaganda contra ellas y se suministraban gratuitamente medios de preservación, alivio o curación y consejos educativos así como medicación, alimentación, saneamiento y desinfección de la vivienda de los enfermos, escupideras, socorros en metálico y cuanto contribuyese a impedir los estragos de la tuberculosis. El edificio fue inaugurado dos años más tarde, pero, en el interin, el 28 de diciembre de 1907 fue creado, mediante Real Decreto y bajo la presidencia de la reina Victoria Eugenia, un Real Patronato Central de Dispensarios e Instituciones Antituberculosos. A pesar de estos decisivos pasos, la excesiva burocracia interna y la escasez de presupuestos hicieron que estas iniciativas no logren objetivos en los primeros años de su existencia.

En 1912, los reyes inauguraron el II Congreso Internacional Antituberculoso en San Sebastián, donde escucharon que el representante de Uruguay proponía organizar una fiesta de la flor para concienciar a la población de la importancia de ayudar y conseguir fondos. Las mujeres donostiarras lograron, de esa manera, 35.000 pesetas para la Liga. Victoria Eugenia, al comprender la enorme gravedad humana que significaba no hacer nada en la lucha contra la tuberculosis, creó un comité para fomentar la celebración de ese día en España, asesorada por su suegra. Al año siguiente, en marzo, se celebró la fiesta en Murcia donde se recaudó 10.000 pesetas y, dos meses más tarde, en la capital alcanzó la cifra de 114.000 por impulso de varios médicos, entre ellos Eugenio Mesonero Romanos.

La reina comenzó a ser nombrada, en los siguientes años, presidenta de honor de los patronatos femeninos de las juntas antituberculosas que fueron organizando esas cuestaciones. Por Real Orden de 10 de junio de 1914 queda oficializada la celebración del día de la tuberculosis o fiesta de la flor. En Madrid se crearon los dispensarios públicos de María Cristina, en la calle de Goya por impulso de la marquesa de Alhucemas, dama de la reina; Príncipe Alfonso, en el paseo Imperial. Al que llevaba su nombre, concurrió con frecuencia la reina, alentando a su personal y otorgando visibilidad a su labor, al ser notificada sus visitas por la prensa. Las colonias marítimas, la fundación de los sanatorios de Humera y Valdelatas, así como la enfermería de tuberculosos avanzados del Hospital del Rey, fueron obra del impulso personal de la reina. En 1919 había en España dieciséis dispensarios, atendiendo a más de once mil enfermos de tuberculosis.

Por todo su interés y labor social, el presidente del gobierno quiso conceder a la reina la gran cruz de beneficencia, pero Niceto Alcalá Zamora -entonces letrado del Consejo de Estado- lo impidió, enorgulleciéndose de haber invalidado burocráticamente lo que consideró un decreto adulador. En realidad, su acción fue fruto de su característico resentimiento y envidia, originados tal vez porque, para organizar técnicamente sus actividades benéficas, la reina escogió a Domingo Salazar, otro letrado del Consejo de Estado, en vez de a él, como se le escapó a Alcalá Zamora en sus memorias.

Sin embargo, 1912 fue un año trágico para la familia real pues, por una parte, un anarquista asesinó al presidente del gobierno, el liberal Canalejas en un acto vil y cobarde el 12 de noviembre, eliminando a uno de los más necesarios políticos para la Monarquía. Y, por otro, el infante don Jaime selló su destino vital con un hecho inesperado. Desde su nacimiento era un niño de salud tan delicada que le creyeron tuberculoso, por lo que se decidió enviarle a un sanatorio en Suiza, donde estuvo siete meses. En el viaje de vuelta al tren, sintió un fuerte dolor de oídos, unido a una supuración, que un médico diagnosticó como doble mastoiditis, realizando una operación que rompió sus huesos auditivos. Ello le provocó su sordomudez para toda su vida y la necesidad de constante tratamiento médico en Burdeos y Londres. Ese año también falleció la infanta María Teresa -hermana favorita de Alfonso XIII-, una mujer muy agradable y querida por la reina Victoria Eugenia, que perdía una amiga en la corte.

Quien jugaría un papel importante en el futuro de la dinastía y de la Monarquía, el infante don Juan de Borbón, nació el 20 de junio de 1913, siendo un hijo perfectamente sano. Buena noticia a la que se unió el hecho de que el rey había salido ileso de un atentado en el mes de abril, cuando en la calle de Alcalá un anarquista le disparó. Alfonso XIII se salvó porque lanzó su caballo contra el asesino, llegando a palacio con la misma serenidad que le caracterizaba en momentos de riesgos análogos, como en los atentados anteriores sufridos durante su visita oficial a París y el día de su boda. Precisamente, hacía un mes que en Salónica el rey de Grecia, Jorge I, había sido asesinado y los magnicidios pretendían provocar un cambio de régimen. En Madrid se celebró un *Te*

Deum en la capilla de palacio, pero Victoria Eugenia quedó muy preocupada por el atentado.

1913 fue, además, el año de mayor cénit en su popularidad, puesto que republicanos moderados como Melquiades Álvarez y Gumersindo de Azcárate se declararon dispuestos -como otros intelectuales- a sustituir la vieja política por una nueva, bajo la Monarquía.

La Esfera (1912-12-21). Dibujo que ilustra "Cuento para una reina piadosa" sobre Ena.

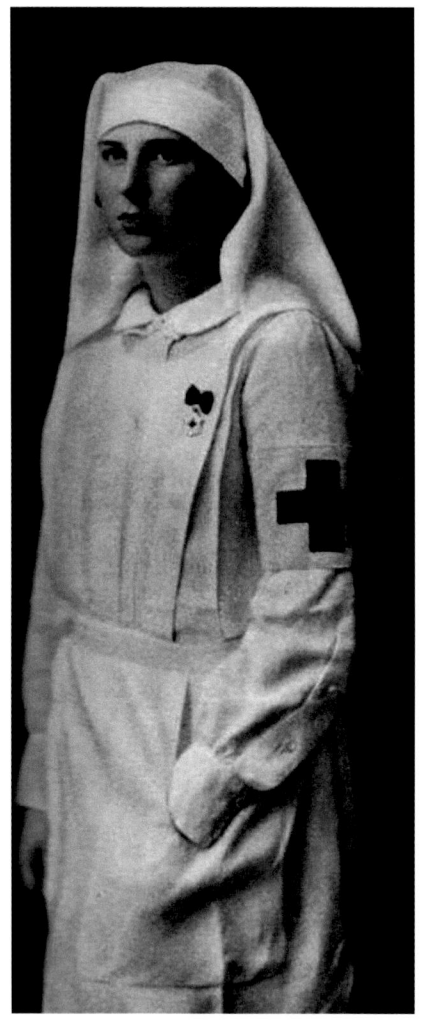

Las infantas Beatriz y Cristina hacia 1925 con el uniforme de enferneras de la Cruz Roja.

Ena vestida de enfermera.

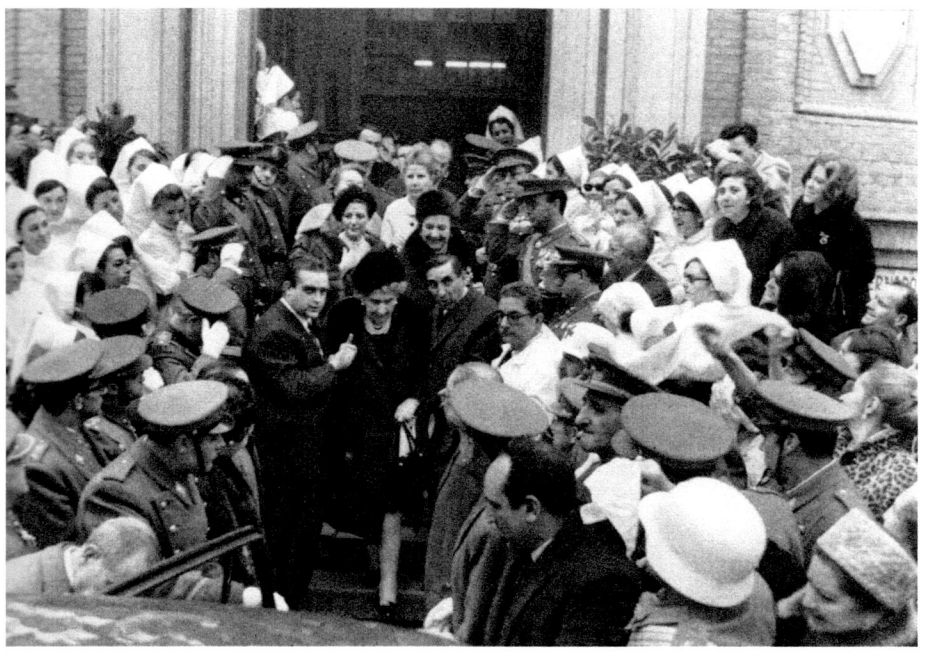

La reina Victoria Eugenia vuelve en 1968 al Hospital de la Cruz Roja "San José y Santa Adela" de Madrid.

LA I GUERRA MUNDIAL Y SU IMPACTO EN LA REINA

Aquella Europa que era dueña y señora del mundo a través de sus imperios coloniales, de sus economías industriales florecientes, de su comercio marítimo, de su hegemonía como referencia cultural, de sus modernizados ejércitos y armadas comenzó su lento suicidio en el verano de 1914. La Gran Guerra o Primera Guerra Mundial supuso el final de la *Belle Époque* y la entrada de un turbulento siglo XX. España, pese a las presiones de las potencias en lucha, finalmente adoptó la posición de neutralidad defendida por el presidente conservador Eduardo Dato y que fue apoyada también por Alfonso XIII.

En aquellos trágicos días, Victoria Eugenia ponía fin a su último embarazo, dando a luz un varón -al que pusieron de nombre Gonzalo, que también fue hemofílico- el 24 de octubre de 1914. Tres días más tarde, su hermano Mauricio de Battemberg, oficial del ejército británico, falleció en la batalla de Ypres. La guerra había impuesto un incómodo silencio en la familia real, ya que María Cristina de Habsburgo temía por el destino del Imperio Austrohúngaro, en guerra -junto a Alemania- contra Gran Bretaña, Francia y Rusia. Tres de sus hermanos, los archiduques Federico, Carlos Esteban y Eugenio se encontraban en el frente, así como numerosos sobrinos. Ena tenía a sus hermanos

Alejandro y Mauricio en las trincheras, mientras Leopoldo se encontraba en retaguardia. Por ello, la muerte de Mauricio en el frente lleno de dolor a Ena y, aunque no pudo manifestar públicamente su tristeza, consiguió ponerle a su último hijo, como sexto nombre, el de su hermano. Tras el parto, la reina de España se desplazó durante tres meses a Inglaterra para consolar a su madre, que se negó a repatriar el cuerpo de su hijo, enterrado en el cementerio imperial de Ypres junto al resto de soldados de la Commonwealth. Tiempo después, el pintor catalán Pablo Béjar realizó un retrato de Mauricio que envió a la reina, quien se lo agradeció encarecidamente. Cuando tres años más tarde, sus parientes Battemberg, con autorización del rey de Gran Bretaña, transformaron su apellido en la forma inglesa Mountbatten -para evitar que el pueblo británico les identificara con sus enemigos alemanes-, Victoria Eugenia se negó a cambiar el apellido de su amado padre.

Tan saludable como había sido siempre, a partir de entonces, Victoria Eugenia atravesó una serie de enfermedades durante los siguientes años. Fiebre escarlatinosa y una apendicitis mal diagnosticada llegaron a preocupar seriamente a sus médicos que, no obstante, lograron curarla. De esa manera, durante la Gran Guerra, Ena volvió a ser conocida por sus impulsos sociales. Y es que las reinas europeas continuaban ligando su imagen a la idea de una *Monarquía del Bienestar* cuya prueba de fuego se desarrolló durante esos años. Desde la reina María de Gran Bretaña hasta la emperatriz Alejandra de Rusia y sus hijas, las soberanas y princesas vistieron uniformes de enfermeras, colaboraron en hospitales, organizaron donativos y visitaron centros benéficos.

Alfonso XIII abrió una Oficina Pro-Cautivos en el palacio real de Madrid, sostenida por el propio monarca, que pagó de su bolsillo el material utilizado, el mobiliario y el personal especializado, pues resultaba necesario conocer varios idiomas. Su humanitaria labor le facilitó un reconocimiento y una fama mundial, pues -sin distinción de bandos en liza- su Oficina se encargó -con ayuda de la diplomacia española- de gestionar intercambios de noticias sobre prisioneros y heridos europeos, facilitar la llegada de su correo familiar, vigilar el comportamiento de los responsables de los campos de prisioneros, poner en contacto familias y combatientes, llegando el propio rey -gracias a sus contactos con la realeza europea- a intentar evitar la ejecución de penas de muerte. Algunas peticiones de familiares de desaparecidos en los campos de batalla se dirigieron a la reina, apelando a su condición de madre, cuya secretaría los remitió a la Oficina. Sus actuaciones en el campo de la beneficencia y asistencia social se trasmutaron durante la Primera Guerra Mundial, impulsando su profesionalización.

La prensa destacó especialmente el impulso que la reina otorgó a la Cruz Roja española, algo que difícilmente se hubiera podido conseguir sin su manifiesto empeño y presencia. A las clases más humildes acostumbradas a la sanidad municipal y alejadas de cualquier práctica sanitaria de alto nivel- esa institución les permitió alcanzar numerosos beneficios. Tras la experiencia desarrollada durante la campaña de Melilla, el papel de Victoria Eugenia se impuso oficialmente con la creación de las bases para reorganizar la sección española de la

Cruz Roja, mediante un Real Decreto de 16 de enero de 1916, aunque los estatutos de la nueva sección no serían promulgados hasta el siguiente año. En dicho decreto se declaró expresamente que el rey ejercería la jefatura suprema, pudiendo delegarla en su esposa, quien la asumiría siempre en caso de guerra. Administrativamente, la sección dependió permanentemente de los Ministerios de la Guerra y de Marina -en aquellos asuntos que les implicaban- y del de Estado en lo tocante a cuestiones internacionales. Quedó legislado que la ley de presupuestos del Estado destinaría 50.000 pesetas a la institución, cantidad que fue invertida en obligaciones del Tesoro para cotizar en bolsa y obtener una rentabilidad a favor de la institución. Paralelamente, se nombraron todos los altos cargos que debían asumir las misiones de inspector, contador, tesorero y secretario general.

La reina logró el derecho a nombrar al representante de la Asamblea Central de Damas. Sobre su labor, Victoria Eugenia recordaría en una entrevista, décadas más tarde:

> *Me dio muchísimo que hacer. Yo tenía que estudiar qué sistema de todos los practicados por la Cruz Roja en el mundo sería el más a propósito para España. El alemán era el más a propósito. Entonces el gran trabajo consistió en adaptar ese sistema a las exigencias de España. Para organizar la Escuela de Enfermeras estuve en contacto con el Hospital Modèle de París. Porque la idea era que los hombres no tratarían con respeto a una mujer que no llevara la toca de monja, y las monjas no podían cuidarlos, porque no disponían nada más que de enfermeros. Yo decidí que hubiera*

*una monja en cada sala y todas las demás pasaran un examen. Entonces
formé el Cuerpo de Enfermeras[10].*

Ena contó con la ayuda de su madre, la princesa Beatriz, a través
de la cual recabó datos sobre la organización de la Cruz Roja británica
a su presidente, Arthur Stanley. Desde Londres se le envió una memoria
sobre la organización de la ayuda voluntaria, el aprendizaje y
organización de sus miembros pues la reina mostró interés no sólo por
aspectos burocráticos sino por el desarrollo y calidad de los temarios de
conocimientos. Además, solicitó a dos hijas de la Caridad, sor Marta
Demoulin y sor María, que colaboraran en la instrucción de las damas
enfermeras de la institución española.

A partir de entonces, la reina fue la presidenta de la Asamblea
Suprema de la Cruz Roja, lo cual le permitió ayudar a los más
desfavorecidos, impulsar una modernización de la asistencia sanitaria y
del compromiso de la sociedad española con ella, consolidar una imagen
positiva de la Corona -especialmente de su figura- y tejer una red de
personalidades que actuaran en beneficio de la Cruz Roja. De esta
manera, la reina estimuló los primeros trabajos de la Asamblea Central
femenina nombrando a las vocales de las mismas: las infantas Isabel,
Beatriz y Luisa; las duquesas de Talavera, de Medinaceli y de la Victoria;
marquesas de la Mina y de Zugasti; vizcondesa de San Enrique; María
de la Concepción Cortada, esposa del general Eladio Mille, presidente
de la sección masculina de la Cruz Roja entre 1916 y 1923; y como

---

[10].- Gómez Santos, p. 220.

tesorera general a la duquesa de Aliaga. Tras este trámite, la primera junta general de la sección femenina se convocó para el 17 de junio de 1916 en el palacio real de Madrid, con la misión de elaborar la constitución de su asamblea central. Una vez abierta la sesión, se leyó y aprobó el reglamento, se notificaron los nombramientos realizados y Victoria Eugenia propuso nombrar a su suegra, la reina María Cristina, como vicepresidenta general de la junta central, cargó que la madre del rey aceptó, designándose después a la duquesa de Medinaceli como vicepresidenta. Finalmente, Victoria Eugenia agradeció, en su discurso, el apoyo de las asistentes y ensalzó las tareas que, desde aquellos momentos, tenían encargadas, relativas a proporcionar consuelo, alivio y sanación a todos aquellos que lo necesitaran en su trabajo diario.

Pero la actuación de Ena no se ciñó exclusivamente a ese discurso pues se suscribió a la revista editada por la institución, gesto al que se añadirían otros con la idea de dar ejemplo a las mujeres españolas y conseguir más apoyos económicos nunca previstos hasta entonces. Alfonso XIII, a propuesta del ministro de la Guerra, sancionó el reglamento doce días más tarde. Si bien la autoridad suprema de la Cruz Roja se encontraba en las manos del monarca, la reina podía llegar a ejercerla por delegación de su esposo, pero en tiempos de guerra era asumida totalmente por ella. Y cabe subrayar el hecho de que Victoria Eugenia fue la responsable de todos los nombramientos y ceses dentro de la institución, por lo que tuvo que asesorarse entrevistándose con personas competentes.

El primer curso oficial de damas enfermeras de la Cruz Roja se organizó en febrero de 1915 con 42 alumnas, pero no fue hasta el 18 de mayo de 1917 cuando se aprobó el reglamento del cuerpo, por el cual la jefa suprema del mismo fue la consorte regia. Se articuló la organización, dirección, cursos, exámenes e ingreso, categorías y funciones, uniforme, insignia y brazal. Del éxito que tuvo la asamblea suprema resulta el dato de las 563 diplomadas en ese año: jefas, subjefas, damas enfermeras de primera y de segunda clase. Ese año, mientras la primera promoción realizaba las prácticas y terminaba sus estudios en Madrid, comenzó la formación de enfermeras en San Sebastián en el dispensario de Santa Isabel. El número de nuevas alumnas en el siguiente curso en la capital llegó hasta las 188 que realizaron sus clases teóricas y prácticas en hospitales militares, en el de Carabanchel y en el de Urgencia del Buen Suceso. A partir de estos momentos comenzó la expansión de cursos en varias poblaciones de la geografía española.

El servicio de damas enfermeras se extendió y popularizó por toda España, pero, con ocasión de la creación del Hospital Central de la Cruz Roja -inaugurado el 2 de agosto de 1918- Victoria Eugenia se planteó la creación de un grupo de enfermeras remuneradas con un salario, con una formación más extensa, para que atendieran los servicios de pago que ayudaban a sufragar a los gratuitos. Ello, en ningún caso, supondría la sustitución de las damas enfermeras ya que, en la España de aquellos años, los cuidados se concebían como una actividad altruista, vinculada al voluntariado y a las órdenes religiosas. De esta manera, el número de alumnas de esta enfermería profesional fueron sólo cinco en ese año en Madrid, aunque poco a poco fueron aumentando conforme fue pasando el tiempo, de tal manera que doce lograron titularse seis años después.

El 7 de febrero de 1918 se amplió el reglamento para que pudieran entrar en el cuerpo de damas enfermeras -previo examen teórico y práctica en hospitales- todas las religiosas de cualquier orden que estuviera legalmente establecida. Ello supuso una mayor aceptación de la reina por parte del mundo católico, mientras que, para las hijas de familias liberales, la dignificación de esta profesión abrió -tras muchos años- una expectativa profesional honrada para ellas. Esas mujeres jóvenes, con el paso del tiempo, lograron ser residentes o internas en el Hospital de Madrid, donde se cubrieron sus necesidades de alimentación, limpieza, un sueldo de treinta pesetas al mes y hasta una participación en los fondos que se ingresaban por las operaciones de pago.

Ena debió de sentirse muy satisfecha, pues había logrado algo por lo que siempre había luchado, ocupándose de una institución tan solidaria y benefactora como la Cruz Roja. A partir de entonces, la prensa no sólo hablaría de ella como madre y consorte, como una miembro más de la familia real que colaboraba en roperos, comedores u otras instituciones de beneficencia estatal y privada, sino que sería modelo para aquellas mujeres de clase media y alta que desearan combinar la modernidad y la ayuda social, los estudios de enfermería y un papel visible más activo en la construcción diaria de la realidad española. La reina defendió un modelo de mujer joven cada vez más activa en la vida que se desarrollaba fuera del hogar y, al hacerlo también como derivación de su compromiso cristiano, limaba las reticencias de los padres más conservadores.

Pero los años de la Primera Guerra Mundial también fueron el telón de fondo de una crisis en la familia real. La amistad de Victoria Eugenia con su prima Beatriz de Sajonia Coburgo representó un apoyo moral fundamental en su vida, tan dramáticamente marcada. Pero, pronto, muchos cortesanos comenzaron a criticarla por su desenfadado estilo de vida, al que arrastraba a la reina, así como por su negativa a convertirse al catolicismo sin verdadera fe. Como comentó un cortesano, las dos damas parecían más un par de colegialas contándose secretos que personas de alto rango.

En Madrid, Ena y Bee visitaban los estudios de pintores y escultores, recorrían tiendas y comercios; en Sevilla les gustaba recorrer a pie las estrechas calles del barrio de Santa Cruz y, después de acudir a misa en la catedral, se encaminaban andando hasta el hospital de la Caridad para admirar los cuadros de Murillo. Trataron de modernizar la etiqueta cortesana lo cual provocó la dimisión del secretario de reina, duque de Santo Mauro, y de la camarera mayor, duquesa de San Carlos en el verano de 1915.

Durante una cena en La Granja, Ena y Bee habían bailado con invitados jóvenes "poco distinguidos" que habían elegido libremente, volviendo a la mesa y sentándose con ellos, haciendo marchar a otros comensales, viejos dignatarios y grandes de España, saltándose el protocolo. La camarera mayor consideró poco digno el hecho y arrastró en su dimisión a Santo Mauro, que era suegro de su hijo. Las dimisiones no fueron aceptadas ni por la reina ni por su marido, pero los campeones de las viejas costumbres cortesanas continuaron juzgando a la infanta Beatriz como una influencia nociva para la reina que seria deseable que no continuase.

Un año más tarde, el rey desterró a los infantes Alfonso y Beatriz a Suiza, bajo la excusa de un nombramiento como agregado militar aéreo para estudiar las fuerzas armadas helvéticas. El rey fue convencido por sus consejeros de que los Aliados pensaban presentar una protesta oficial -a menos que él se adelantara- por las opiniones ofensivas sobre la guerra realizadas por la madre del infante y su esposa. Tras investigar la acusación, el embajador británico concluyó, en sus informes a Londres, que todo había sido una maniobra del germanófilo marques de Viana -caballerizo y montero mayor- que pretendía alejar a los infantes de los monarcas. Cuando se conocieran los hechos, la prensa subvencionada por la embajada alemana debía haber denunciado la presión de los Aliados sobre la Real Casa, interfiriendo -como en Grecia- en los asuntos internos de una potencia neutral, desterrando a un popular príncipe soldado, únicamente porque compartía la admiración de los oficiales españoles por el ejército alemán. También se unió a esta conspiración cortesana rumores sobre la actitud de la infanta Beatriz con Alfonso XIII: para unos, ella le había proporcionado amantes e, incluso, había intentado seducirle, para aumentar su influencia, celosa de la reina; para otros, era el rey quien lo había intentado y ella rechazado, enfrentándose la infanta con quien había querido presentar a mujeres de vida alegre al monarca, el agregado diplomático en París José Quiñones de León, quien también estaría tras esta conspiración cortesana. Finalmente, aunque los embajadores aliados no respaldaron la versión de la protesta, el presidente del gobierno - conde de Romanones- y la reina madre María Cristina terminaron también apoyando el discreto exilio de los infantes en julio de 1916. Pero ello privó a Ena de una amistad muy necesaria, aunque todavía pudo contar con la de la princesa de Salm Salm durante un tiempo.

María Cristina de Austria-Teschen, prima de Alfonso XIII, contrajo matrimonio con el heredero del principado alemán de Salm Salm. En 1915, su marido, oficial del ejército alemán, fue capturado por los británicos, siendo trasladado como prisionero a Gibraltar. Para estar más cerca de él, la princesa se trasladó a España, viviendo con la familia real, donde trabó amistad con Victoria Eugenia. Al visitar las embajadas alemana y austrohúngara con cierta asiduidad, fue criticada también por los defensores de la neutralidad española, preocupados por evitar las críticas de los Aliados. Precisamente, ese año se suspendió en la corte española las ceremonias públicas del lavatorio de pies y la comida de los pobres para evitar confrontar a los embajadores europeos que, por tradición, eran invitados. El príncipe Emanuel de Salm Salm murió el 19 de agosto de 1916 como resultado de una herida mortal de guerra recibida en la mañana de ese día en la batalla de Pinsk.

La reina no podía evitar las costumbres de la corte española por lo que también acudía a sus actividades benéficas o visitas en compañía de la dama de honor de turno, no solo con sus amigas. Aunque cuando practicaba equitación, deporte que la entusiasmaba, solía ser acompañada por una de sus damas más jóvenes, Conchita Heredia. Pero su amistad con la infanta Beatriz no se rompió jamás durante sus ochos años en el extranjero. En una carta de Victoria Eugenia a la reina María de Rumanía le trasmitió sus sentimientos hacia su prima

> *Bee está en Suiza por ahora. Por favor, no pienses que debido a los disgustos y riñas con Alfonso mi amistad hacia ella ha cambiado. Soy un alma muy fiel y cuando quiero a alguien no cambio nunca ¡Pobre querida Bee!, cuántos enemigos tiene aquí que le han hecho muchísimo daño, pero Dios permitirá que todo se arregle bien de nuevo. Ella debe tener un poco de paciencia ya que las injusticias y las calumnias se extinguirán por sí mismas. Yo estoy en una situación difícil porque la palabra de Alfonso es ley, y él no soporta ninguna interferencia de nadie y menos aún de mí, y deseando que pronto regrese de nuevo, lo mejor que puedo hacer es quedarme quieta por el momento, ya que cualquier movimiento por mi parte tendría efectos contrarios y sería peor que nunca.*
>
> *Me pone muy triste el modo en que el mundo está lleno de envidia y malicia y nosotros, realezas, pienso que somos más víctimas que nadie[11].*

La fidelidad que Ena mantuvo con los Orleáns durante los siguientes años hizo que, poco a poco, su marido y su suegra

---

[11].- Sagrera, p. 247.

comenzaran a aceptar la idea de su retorno a España, lo que la reina consiguió finalmente. Y es que, hasta su madre la princesa Beatriz y su hermano Alejandro se posicionaron en contra de Bee.

Hipódromo de Madrid, 1916. La reina Victoria con la infanta Isabel, el marqués de san Miguel y Martínez Campos, entre otros.

Ena en 1915.

3. MUJER Y REINA

Pág. ant. Victoria Eugenia en un oleo de Laszlo de 1910.
En esta pág. Retrato al oleo la reina Victoria Eugenia por Joaquín Sorolla en 1911 (en la *Hispanic Society* de Nueva York).

SU PAPEL COMO MADRE

Victoria Eugenia nunca quiso verse implicada en el laberinto de la política española, aunque no por ello dejó de dar su opinión privadamente a su marido. Cuando en su vejez se le preguntó si el rey le consultaba cuestiones políticas, respondió:

> *No, nunca, nunca. A veces, fiada de mi intuición femenina, le dije: "Yo no me fiaría de este o de aquel". Si no me había atendido, al paso del tiempo solía decirme el pobre rey: "En el fondo tenías razón". Y yo le respondía: "¡Ya te lo dije!"*[12].

Pero, en otra ocasión, durante una cena con Gregorio Marañón hijo, no dudó en calificar a los más famosos políticos del reinado de su marido. A Eduardo Dato le definió como el político más leal a su marido, a José Canalejas como el más inteligente y a Antonio Maura como un talento aminorado por el orgullo[13]. Tal vez así lo había oído decir a su esposo o era una opinión propia, pero lo cierto es que Alfonso XIII siempre consideró a su madre, la antigua regente, como su consejera íntima con más experiencia y visión en los asuntos españoles. Pero Ena siempre mantuvo una elegante y educada relación con la elite

---

[12].- Gómez-Santos, p. 298.

[13].- Archivo General de la Universidad de Navarra FGMM 30/5.

política del país, pues ya desde la celebración de su primer cumpleaños en tierras españolas -24 de octubre de 1906- expresó a su marido su interés por conocer personalmente a todos los políticos que habían acudido a cumplimentarla. Y así habló primera vez, en francés, con el líder liberal José Canalejas.

En algunas ocasiones, Victoria Eugenia aconsejó benevolencia a su marido en aquellos momentos en que resulta necesario pensar en un indulto o una gracia con algunos presos, como la conmutación de la pena de muerte por otra. Ella se enteraba, sobre todo, por la prensa, por los comentarios de su entorno o porque la escribían madres o hijas de los encarcelados para solicitar su ayuda. En estos casos, pudo tomar parte activa porque contaba con la ventaja de proporcionarle ciertas alegrías a su marido con el nacimiento de nuevos hijos, pero no porque tuviera una excesiva confianza en ella. Como Alfonso reconoció, en estos casos "cada vez que la reina me hablaba me alentaba a mostrar clemencia".

Ena concedió audiencias desde su boda, anotadas parcialmente en un libro registro. A través de su lectura se deduce que recibió a numerosas damas de la nobleza y esposas de políticos y ministros, lo cual era no sólo lo acostumbrado sino una vía para conocer a la élite social. Numerosas de esas mujeres formaban parte de la dirección del asociacionismo femenino para la promoción de la beneficencia, esfera de la que se esperó siempre una actuación casi diaria de las mujeres de la familia real. No sólo Victoria Eugenia, sino su suegra, cuñadas y primas participaron en actos benéficos como era costumbre en la realeza y elites europeas. También recibió en audiencia no sólo de forma individual sino colectiva, generalmente a comisiones de esas agrupaciones y comités sociales. En muy pocas ocasiones, sin embargo, recibió peticiones de audiencia de esposas de diplomáticos extranjeros. Siendo, en su inmensa mayoría, audiencias femeninas, resulta significativo que también recibiera a hombres, generalmente con sus esposas e hijas, aunque también de forma individual. Tal fue el caso de fray Faustino Calvo -superior del asilo infantil de san Rafael-, el literato José Alcalá Galiano, de los políticos conservadores Marcelo Azcárraga, Nicanor Alas Pumariño, José Álvarez Arranz o de los liberales Santiago Alba y Rafael Gasset, director de *El Imparcial*. En sus memorias, la marquesa de Belvís describió su asistencia a una audiencia de la reina:

> *Me encanta pasar por las galerías, ver a los rígidos y elegantes alabarderos de perilla montando la guardia característica. Tengo carne de gallina de emoción cuando dan el alabardazo. ¡Cómo me gustaba toda aquella solemnidad y etiqueta desde que entraba por la Puerta del Príncipe, subía en el ascensor, pasaba por la Antecámara a la Cámara y me sentaba en uno de los taburetes junto a las ventanas que dan al patio de la Armería! (…) La jefa, duquesa de San Carlos, llega hacia las doce (…) habla con la dama chica que ha ido a su encuentro, lista en mano dándole cuenta de las audiencias del día; saluda a las señoras que esperan en el taburete de la paciencia, y entra a ver a Su Majestad, si no hay ya iniciada una audiencia en curso. (…) La reina es siempre la aparición de un cuento de hadas (…). Fue siempre rubísimo su pelo, aureolando la renombrada tez blanca y*

sonrosada en la que relucen los ojos color aguamarina, lo que no me canso de mirar, mientras mi madre es naturalmente con la que se entretiene Su Majestad, no sin dirigirme unas palabras a tenor de mi edad. Después de un rato entraba el rey o pasábamos a su despacho, si había sido con ambos la audiencia. La reina daba la suya por terminada, levantándose para despedirnos amablemente[14].

Pese a las dificultades a las que tuvo que hacer frente, Ena cuidó su imagen de consorte regia dedicada al cuidado de sus hijos y su hogar, así como su presencia en actos de Estado y ceremonias públicas donde se apreció claramente su cuidado minucioso de detalles, mostrándose a sí misma de una forma brillante. Con su seleccionado vestuario, joyas y aderezos intentó dominar el componente de escenificación y seducción requerido por la adaptación de la Monarquía a una época en la cual las masas comenzaron a incorporarse a la escena pública. Se necesitaba mostrarse en baños de masas y Victoria Eugenia participó siempre en los actos oficiales, de tal manera que fue la reina que más manos estrechó de españoles, hasta ese momento. La prensa publicó fotografías de la reina sonriendo en muchas ocasiones, demostrando que se sentía más segura tras una serie de años en España. Y siempre fue leal a un principio fundamental: perpetuar la dinastía, el reto que asumió durante toda su vida y para cual siempre puso su máximo interés.

A pesar de las diferencias protocolarias de la corte española y la diferente mentalidad de la sociedad española de la época, Victoria

---

[14].- Max de Hohenhole, p. 150-151.

Eugenia vigiló personalmente el régimen de vida de sus hijos y trató de educarlos de acuerdo con los parámetros en los que ella había sido formada. De ahí que fueran británicas algunas de las institutrices que se encargaron de su educación, como Beatrice Noon, de origen irlandés, y las hermanas escocesas Catherine, Eugenie y Martha Doherty. Esta última fue la que mayor influencia ejerció en las infantas Beatriz y Cristina.

En la Biblioteca Real se conserva algún diario suyo, así como alguno de los métodos que utilizó cuando se encargó de la educación de los infantes o sus libros de cabecera. Sus ayas fueron la condesa de los Llanos y la del Puerto, hija de la duquesa de San Carlos. Amas, nurses y niñeras entraron al servicio de los infantes con el visto bueno de la reina que, antes de empezar su apretada agenda oficial, comenzaba el día subiendo a los apartamentos que formaban la nursery.

La reina, acostumbrada a que su madre le regalara libros en Navidad durante su infancia, repitió la misma costumbre con sus hijos y nietos, con la idea de impulsar la lectura y el estudio de lenguas, tan necesario en los medios en que se desarrollaron sus vidas. De ahí que la colección de libros infantiles que conformó la biblioteca de los infantes estuviera mayoritariamente en inglés, con títulos significativos de la literatura infantil de la época victoriana, algunos de los cuales fueron leídos por su madre cuando era adolescente. Cuentos sobre animales, libros de aventuras, leyendas de hadas, versiones infantiles de grandes obras literarias, historia y ciencia. De ahí la presencia de Lewis Caroll -

autor de *Alicia en el país de las Maravillas*-, de Robert L. Stevenson -*La isla del tesoro*-, Oscar Wilde -*Cuentos*- Walter Scott -*Ivanhoe, El talismán*-, Daniel Defoe -*Robinson Crusoe*-, etc.

Tanto Alfonso XIII como su esposa, al conocer la delicada salud de sus hijos -dos de ellos con hemofilia y dos mujeres que podían llegar a ser portadoras- estuvieron pendientes de cualquier avance médico o farmacológico en sus investigaciones. Cualquier innovación científica y comprobada fue aplicada, aunque a veces rondara la duda. Desde todas las embajadas, discretos diplomáticos comunicaban descubrimientos o mejoras en pacientes al secretario del monarca. Todo se rodeó de un secretismo que, finalmente, no pudo impedir los rumores que llegaron a todos los sectores de la población española. Pese a todo, el rey se negó a privar a su hijo mayor de los títulos ligados a la sucesión como futuro heredero de la Corona, al igual que el zar Nicolás II con su hijo Miguel, también nacido con esa enfermedad de la sangre. El desasosiego, la tristeza y la pena inundaron a la pareja real a partir de entonces. Alfonso XIII tuvo hijos extramatrimoniales perfectamente sanos, hecho que demostraba que era Victoria Eugenia la causante involuntaria de la desgracia, lo que distanció al matrimonio para siempre, a pesar del amor que siempre mantuvo la reina por su marido.

Las fotografías que publicaba la prensa sobre la familia real, veraneando en La Granja, en San Sebastián o en Santander, mostraban a una familia deportista y, aparentemente, sana. El príncipe Alfonso hacia pareja, por edad, con su hermano Jaime en sus juegos; las dos infantas eran inseparables en su formación educativa y presencia en actividades sociales, bajo la dirección discreta de su madre; y los dos más pequeños, Juan y Gonzalo, parecían la pareja de benjamines unidos desde su infancia.

El príncipe de Asturias, como futuro monarca, fue enrolado por su padre como miembro del regimiento Inmemorial del Rey, formando parte de la lista de oficiales. En los cuarteles de dicha unidad se ordenó que se le preparara una cama cuando estuviera allí y se le asignara una cuchara especial para cuando comiera con los oficiales. Mientras tanto, se fijaron profesores y se organizó el estudio de asignaturas en las estancias palatinas. Animado continuamente por sus padres, sus ansias de vivir se pusieron de manifiesto desde muy pequeño y solicitó a sus padres vivir de forma independiente tras pasar la adolescencia. Se le adjudicó una quinta en el Real Sitio de El Pardo, una casa de campo donde creó una estimable granja, al ser muy aficionado a la agricultura y ganadería.

Su hermano don Jaime, con cinco años, entró en contacto con las hermanas de la Purísima Concepción, cuyo colegio madrileño atendía a niñas y adolescentes sordomudas o ciegas. El interés de la reina porque tuviera una educación especializada -que incluso le llevara a aprender lenguas extranjeras- fue constante, repasando ella misma el volumen de gastos del colegio y de indicar la cantidad de donativos realizados a la madre superiora.

Paralelamente, se hicieron todos los esfuerzos posibles -y se gastó todo lo necesario- para intentar lograr una solución médica que revirtiera la sordomudez del infante. En el archivo del Palacio Real se conservan informes sobre mejoras temporales, breves, que mantenían la esperanza de sus padres. Más adelante, don Jaime fue enviado a la Escuela especial para sordomudos de París. En diciembre de 1919, la reina le acompañó a Londres, donde visitaron a una serie de especialista que le dieron esperanzas de una recuperación en unos años[15].

Las dos infantas, Beatriz y Cristina, nunca tuvieron posibilidades de heredar la Corona, por lo que se las educó como miembros de la realeza compatibles con un modelo de mujer moderna. En este sentido, Victoria Eugenia impulsó su educación y su imagen social, haciendo que participaran en los repartos de premios, en los de ropa y enseres, en las labores de la Cruz Roja, por lo que las fotografías de las dos infantas vestidas de enfermeras circularon por la prensa cuando se convirtieron en dos espigadas jóvenes. Practicaron deportes, de tal manera que en los Sitios Reales se construyeron canchas de tenis y se les enseñó equitación. A pesar de ser posibles transmisoras de la hemofilia, su madre no descartó sus bodas en el futuro con grandes de España, aunque -como confesó a la reina de Rumanía en 1922- prefirió infinitamente más que enlazaran con príncipes de su mismo rango, pues nunca comprendió cómo la única hija de los reyes de Gran Bretaña, la princesa Mary, se casara con el viejo vizconde de Lascelles.

Victoria Eugenia fue una gran aficionada a la música clásica, en

---

[15].- AGP, 12.121/6.

la cual fue educada, lo que intentó transmitir a sus hijas. La familia real solía acudir al cercano Teatro Real, aunque sólo asistieran a un par de actos. El padre Sopeña narró un día que tal era la afición de la reina a la ópera que, cuando no podía asistir al Real, escuchaba las representaciones por teléfono desde sus habitaciones palatinas. Varios músicos compusieron piezas en su honor, como *Melodía Capricho* de Antonio Álvarez, el pasodoble *Mouriscot* de José Sanz y el vals para piano de Taboada Steger titulado con el nombre de la reina. A los conciertos y recitales, Ena llevaba a sus hijas, especialmente a escuchar compositores alemanes que eran sus preferidos y artistas destacados que llegaban a la capital.

El infante don Juan, a pesar de ser el único hijo sano del matrimonio, no fue preparado en su infancia para convertirse en el heredero de la Corona, recibiendo, no obstante, una educación esmerada y políglota, propia de su condición. Junto a don Gonzalo -su hermano enfermo, aunque en menor medida que el primogénito- se presentaron a exámenes de bachillerato en el Instituto Público de Enseñanzas Medias San Isidro, en la capital, lo cual constituyó una novedad en la imagen modernizadora de la familia real. Don Juan manifestó a su padre su deseo de ingresar en la Escuela Naval de Cádiz, a lo que accedió su padre. El precedente era el infante don Enrique de Borbón, duque de Sevilla, que en el siglo XIX también había sido oficial de la Marina y embarcado durante algunos años en buques españoles. Pero, indudablemente, su vocación también conectaba con la tradición británica de enviar príncipes de su familia real a la *Royal Navy*.

Es casi seguro que Ena pudo controlar la forma en que se impartieron las clases, incluso comprobar sus progresos, aunque toda la vida de corte estaba rígidamente organizada, como una máquina eficiente y bien engrasada. El rey debía recibir en audiencia diaria a quienes solicitaran una entrevista, recibía a los ministros por parejas y temáticas por días, al presidente del gobierno y, en ocasiones, presidía el Consejo de Ministros. Se informaba a través de su secretaría y de los resúmenes de prensa, asistía -junto a su esposa- a numerosos actos públicos y ceremonias, tanto en la capital como fuera de ella. De esa manera, recibían a sus hijos especialmente al comenzar la mañana y al acabar el día, aunque, conforme fueron haciéndose mayores, se fueron incorporando a las comidas familiares. En todo caso, la reina llegó a conocer bien a sus hijos, sus fisonomías que relacionaba con miembros de la familia, sus aficiones, éxitos y problemas. Cuando llegó el cinematógrafo a palacio, se organizaban sesiones de cine en familia con films americanos y cortos, del género de aventura y comedia.

Cuando sus hijos fueron creciendo la reina recibió constante-mente partes, escritos a diario, acerca de las actividades del príncipe de Asturias y del infante don Jaime, así como de su salud. Eran informes minuciosos donde se exponían las horas y contenido de las comidas, la asistencia a la iglesia, los baños, las cenas, los deportes y las personas que los acompañaban. Todo lo cual demostró el interés de sus padres por la evolución de su descendencia.

Ea y su hijo Alfonso hacia 1908.

Ena con sus hijos Alfonso, Jaime, Beatriz hacia 1911.

Las Infantas hacia 1915.

Con sus seis hijos en 1918.

Ena con su hijas Beatriz y Cristina en los años veinte.

El príncipe Alfonso hacia 1930.

Ena con sus dos hijos menores, la infanta María Cristina y el infante Juan, en una fotografía de Cristhian Franzen hacia 1913.

Alfonso y Jaime por Kaulak.

ESPOSA EN LA CORTE ESPAÑOLA

En la corte imperaba un protocolo estricto y un estilo de vida sobrio y rígido, impuesto por la reina María Cristina de Habsburgo desde el momento en que murió su marido, Alfonso XII, en 1885 y ella tuvo que asumir la regencia de su hijo. Lo cual resulta necesario explicar pues, cuando ocurrió ese trascendental hecho en su vida, la visión que tenían los españoles de una mujer en el trono no era muy favorable. Se recordaba la complicada regencia de María Cristina de Borbón (1833-1840) y la debatida actuación como reina de Isabel II (1833-1868) cuya imagen pública había caído a lo más hondo. Al hacerse cargo de la regencia, María Cristina de Habsburgo intentó borrar esos recuerdos, favoreciendo una imagen contraria como monarca, plena de dignidad, honorabilidad y eficacia. Lo logró plenamente entre 1885 y 1902, a pesar de atravesar momentos críticos como la derrota en la guerra hispano-norteamericana. En su ayuda también acudieron sus cuñadas la infanta Paz y la infanta Isabel, *la Chata*, hijas de Isabel II, que siempre mantuvieron una imagen de cercanía social, virtud y decoro moral imbatibles, al contrario que su madre.

Victoria Eugenia continuó esa línea de honorabilidad incuestionada y eficacia en su imagen como reina de una *Monarquía del Bienestar*, concepto que se procuró desplegar en la Europa de su tiempo.

Pero consideró que no resultaba ya necesario una corte tan rígida en sus costumbres, procurando abrirla a la modernidad que se abría paso en el siglo XX. Su relación con su suegra duró mucho tiempo y, por deseo de Alfonso XIII, María Cristina no abandonó palacio, sino que se le dispusieron una serie de habitaciones para que no abandonara el edificio al casarse. Esa duplicidad de reinas debió ser una prueba para Ena, porque a ella le tocó ocupar un puesto en segundo lugar, en favor de la reina madre, a quien adoraba el personal de la Real Casa. No obstante, cuando fue preguntada por su relación con su suegra, en 1964, declaró:

> *La reina Cristina era una mujer llena de charme (encanto), ¡muy inteligente! ¡Y no quería parecerlo! Quería parecer un poco nave (ingenua), pero era listísima, muy culta. Y conmigo muy cariñosa siempre ¡Una gran señora! Vivimos juntas veinticuatro años. Ella estaba siempre, siempre, con nosotros, menos cuando íbamos de cacería a La Granja*[16].

María Cristina fue, poco a poco, abandonando el veraneo en los Reales Sitios, prefiriendo su palacio de Miramar en San Sebastián que decoró con un estilo austriaco, algo que no era del gusto de Victoria Eugenia, la cual logró que su familia veraneara en Santander. Se encontraba cerca de la ciudad donostiarra, a donde podían acudir a visitar a la reina madre, pero no pasaban la mayor parte del tiempo en el mismo edifico, a diferencia de Madrid. Como comentaría años más tarde,

---

[16].- Gómez Santos, p. 221.

¡Santander me encantaba! Hacíamos allí la vida a mi gusto, que era también el gusto del rey. El duque de Santo Mauro tenía miedo a que se aburriera allí. Entonces surgió la idea de hacer un campo de polo dentro de la península de La Magdalena, y ya con eso, el tenis cerca del palacio y, más tarde, el golf, en Pedreña, se pasaban los días agradablemente. Además, con un barquito podíamos ir al otro lado de la bahía[17].

Poco a poco, Ena empezó a establecer almuerzos íntimos en una corte acostumbrada a comidas solemnes y protocolarias, a las que diariamente acudía la reina madre. Rodeada siempre de damas y servidoras, la reina impuso la costumbre de tomar el té con su marido, como cualquier matrimonio británico, sin nadie alrededor suyo. Los dos solos aprovechaban ese tiempo para conversar. Aunque el rey siempre fue un fumador empedernido, recomendó a su mujer que no lo hiciera en público, debido a las costumbres españoles. Por esa razón, al no renunciar a un hábito contraído desde muy joven, la reina solía retirarse al antepalco, cuando acudía los teatros, para fumar. También fue reuniendo en su salón particular a un grupo de damas de la aristocracia con las cuales poder hacerlo sin problemas, además de hablar en inglés con ellas. Fueron las duquesas de Montellano, Lécera, Alba, Plasencia y Medinaceli, la marquesa de Santa Cruz y otras más, aunque fue un círculo reducido. Con el paso del tiempo, la reina celebró reuniones en el Club de Puerta de Hierro al que asistieron sus amistades e invitados extranjeros como la escritora Elinor Glynn. Escribió en su libro *Cartas desde España* que Victoria Eugenia semejaba una joven reina de cuento

---

[17].- Gómez Santos, p. 260.

de hadas, con sus vestidos parecía todo el tiempo "un sueño de belleza" que dejaba siempre admirados a cuantos la miraban desde lejos.

Si el rey se mostró como un *sportsman* de la época, un hombre interesado no sólo en practicar deporte sino en fomentarlo, para impulsar una imagen sana y fuerte de la Monarquía, al tiempo que practicaba con el ejemplo una disciplina recomendada a todos los españoles, la reina le imitó. Victoria Eugenia fue aficionada al golf, practicó el tenis, la caza y el patinaje, aunque lo que más le gustó fue la equitación, deportes en lo que convergió con su marido. Montaba en la madrileña Casa de Campo, en el Pardo y en las cacerías organizadas en las fincas de los aristócratas que les invitaban, como *El Soto* del duque de Alburquerque y en la *Venta de la Rubia*.

En España, los lutos eran largos y, por lo tanto, el uso del negro como color de los vestidos femeninos y trajes masculinos era muy habitual, incluso en la corte. Ello también traía como consecuencia que el ideal masculino de varón serio, firme, fuerte y decidido impusiera siempre vestir con colores oscuros y el recato de las damas lo aconsejaba. Victoria Eugenia, paulatinamente, asombró a aquella sociedad por su predilección por los colores claros para sus trajes de invierno y pasteles en verano, manteniendo las líneas de innovación en la moda femenina que se produjeron a partir de los años veinte en su vestuario. Encargaba sus vestidos y sombreros en Londres y París, sobre todo para los días de gala. Los que utilizaba a diario prefería adquirirlos en Madrid, comprando más en primavera cuando los modistos presentaban sus novedades y colecciones. También procuró impulsar casas de moda como Crippa y joyerías españolas como Ansorena, Sanz y Mellerio, tanto para sus propios deseos como para los regalos que hacía.

Diariamente, la reina supo que su papel más que realizadora de tareas domésticas era de gestora de las mismas, para lo cual tenía un servicio profesional, a la cabeza del cual se encontraba la camarera mayor, único jefe femenino en la administración de la Real Casa, tradicional-mente elegida entre las grandes de España. Su misión era organizar la servidumbre de la reina, desde sus damas de honor hasta las criadas. Y, para evitar también cualquier error involuntario que facilitara una crítica como reina -el drama de Isabel II todavía se encontraba presente- se la rodeó de personas de tal manera que fueron escasísimos sus espacios de intimidad, sobre todo en sus primeras décadas en España.

Sus actividades personales fueron controladas por sus servidores más allegados, siendo imposible ocultar nada, ni siquiera sus compras o regalos a familiares. Pero también la reina se encargaba de autorizar los gastos generados por las estancias de verano, coordinar la utilización de automóviles de su familia, abonar facturas derivadas de las asistencias sanitarias de sus hijos, a los cuales organizaba sus visitas médicas y las de su marido, a pesar de que esta correspondencia fuera dirigida oficial-mente al rey. A través de la lectura del Gabinete Telegráfico de la Real Casa, se deduce la continua información sobre la salud de sus hijos que se trasmitieron siempre los reyes cuando uno de ellos estaba de viaje o cumpliendo obligaciones propias de su cargo. Los continuos telegramas que enviaron a sus hijos personalmente en términos cariñosos, algunos llenos de bromas y complicidades no transparentaron el drama interior que sufrían como padres.

Y entre esos telegramas también se encontraban aquellos dirigidos a la reina María Cristina sobre la salud de su hijo, cuando no se encontraba con ella en Madrid. Los acompañantes del monarca sabían la preocupación de su madre en este particular aspecto, desde su infancia, y le enviaban noticias. Y más, desde que fallecieron sus hijas las infantas Mercedes y María Teresa, en 1904 y 1912 respectivamente. Alfonso XIII acudía a especialistas en Madrid, pero también en San Sebastián y el extranjero por sus problemas de oídos o dentales. Asimismo, también tuvo alguna que otra dolencia relacionada, parece ser, con la tuberculosis. Dos momentos en la salud de su marido fueron especialmente graves y preocupantes para Victoria Eugenia. El primero fue una fiebre gripal con localización faríngea en octubre de 1918 y, el segundo, en marzo de 1927 cuando padeció gripe e infección pulmonar.

Campo de polo. Palacio de la Magdalena (Santander) en 1918. Fot. Wünsch.

San Sebastián,. La reina en el hipódromo, presidiendo el concurso de saltos. *Mundo Gráfico* (18-XI-1912).

La reina en el Las Fraguas (Cantabria). *Mundo Gráfico* 11-IX-1912.

Día de año nuevo de 1911 en la Casa de Campo de Madrid. El rey, la reina, el marqués de Someruelos, el duque de Santo Mauro, el príncipe Battennberg y otra persona intentan patnar sobre el hielo del lago. Fotografía de Francisco Goñi.

La reina con el marqués de la Mina en el Tiro de Pichón. Campeonato Rey Alfonso XIII. *Mundo Gráfico* (20-V-1914).

La reina en el Quiosco de la Casa de Campo, persenciando un partido de polo. fotografía de Campua. *Mundo Gráfico* (14-III-1914).

Ena con Alfonso XIII hacia 1920.

AUTORAS FEMENINAS Y LECTURAS REGIAS

Cuando Victoria Eugenia, junto a su familia, abandonó España en abril de 1931, su biblioteca particular -formada por un millar de títulos- fue trasladada a la Real Biblioteca, donde actualmente se encuentra. Su principal característica es que se trataba de una colección multilingüe, donde se dio cabida a libros escritos en inglés, francés y español, sobre todo. En cuanto a su contenido, se podría dividir en dos grupos: una parte institucional y otra más personal. La primera estaba compuesta por obras dedicadas a su boda, los homenajes que recibió, su implicación en causas y actividades humanitarias, aquellas que hacen referencia a sus hijos y a su vida en la corte. Se reúnen recuerdos de su infancia y juventud en Gran Bretaña, tarjetas postales, cuentos que sus familiares de regalaron por Navidad, memoriales y álbumes de fotografías. También forman parte del conjunto que trajo de tierras inglesas varios manuales de religión católica para su conversión, regalos de su amiga Florence Langmore y su tía Louise. Cuando llegó a España, formó parte de su equipaje la colección clásicos ingleses y americanos del editor alemán Bernhard Tauschnitz. Edición barata para aquellos viajeros británicos que viajaran y deseaban leer algo en su idioma. Muchos de ellos se leyeron o comenzaron a leerse por los indicios que muestran los marcapáginas, las notas, fotografías, tarjetas postales que la reina dejó en su interior para recordar el lugar donde debía retomar le lectura.

Un segundo grupo de su biblioteca reunió libros de historia, de religión y moral cristiana, de literatura y arte que ayudan a acercarse a los gustos personales de la reina como lectora, donde todavía se mantiene el plegado de alguna de sus hojas, un gesto habitual en muchos lectores, para indicar la página donde había dejado de leer. En primer lugar, destacan las obras de ficción en prosa, por lo general de autores contemporáneos, abundando los ingleses y americanos. Llama particularmente la atención la más que notable presencia de escritoras femeninas, siguiendo las obras en francés. El español como lengua vehicular de la literatura de ficción está prácticamente ausente de su biblioteca, donde solo aparece para las obras protocolarias o la prosa de carácter religioso o moralizante. No por ello la reina leyó este tipo de obras, conseguidas a través de la Real Biblioteca, como ella misma admitió en una entrevista, donde además de leer al padre Coloma, reconoció que había leído algún libro de Vicente Blasco Ibáñez, uno de los escritores de best-sellers de la época.

> *Pero más bien, lo confieso, leía cosas serias españolas. También prefería novelas inglesas, porque como me casé muy joven y el rey era muy severo, no le gustaba nada que yo leyese, por ejemplo, una novela francesa. Como los ingleses eran entonces todos muy decentitos y buenos, yo leía a los ingleses. El rey me leía en voz alta, en inglés, y yo le buscaba libros que se refiriesen un poco a temas del Ejército, a la vida en la India y todas esas cosas que le resultaban interesantes. Entonces, el rey me leía a mí en inglés, como te he dicho antes, para practicar, porque se había olvidado el idioma*[18].

---

[18].- Gómez Santos, p. 222.

De esa manera, no resulta extraño la abundancia de novelas de autores de la época victoriana y eduardiana, en especial las *sensation novels*, con un carácter efectista por el suspense permanente que se generaba en el lector, alcanzando algunas el tipo de novelas folletinescas. En casi todas estas obras el protagonista era una mujer que estaba en peligro, pero además se hablaba de bigamia, triángulos amorosos, equívocos y envenenamiento. Pero también la reina poseyó libros de temática histórica y religiosa en inglés, como la novela de la escritora irlandesa Deborah Alcok, *The Spanish Brothers: a tale of the sixteeht Century,* que tuvo un gran éxito cuando se publicó, o las novelas de aventuras con tramas que se desarrollaban en países lejanos y exóticos firmadas por Kipling, Rider Haggard y Setton Merriman. La novela de intriga, misterio y crimen está representada por seis novelas de sir Arthur Conan Doyle, creador del famoso detective Sherlock Holmes; obras románticas y sentimentales, novelas sociales sobre la aristocracia y sus costumbres, conocidas como *silver fork* (tenedor de plata) por su minuciosa descripción de modas, maneras y costumbres de la alta sociedad británica. Algunos de estos autores también figuraron en la biblioteca de sus hijos, lo que demuestra la influencia e interés de su madre.

Surgen también obras de autoras que tuvieron que recurrir a seudónimos ficticios o apodos como Mary Mackay -que firmaba como Mary Corelli-, autora de *A romance of two worls* cuya protagonista es una joven enferma con tendencias suicidas. Al ser una de las escritoras favoritas de su abuela, no resulta extraña la presencia, a pesar de que Corelli publicó un manifiesto en 1906 oponiéndose a la boda de Ena con el rey de España. Otra autora famosa fue Rita, seudónimo de Eliza Golla, cuyas novelas se ambientaban en lugares exóticos con personajes aristocráticos, algunos familiares de la reina. A pesar de las declaraciones tardías de Victoria Eugenia, lo cierto es que también contó con novelas en inglés de tono elevado y casi eróticas, como fueron las de la escritora Elinor Sutherland, que, al estar casada, firmó como Elinor Glyn. La autora dedicó a la reina un ejemplar de su manual sobre el amor y la relación de pareja titulado *The philosophy of love* (1921).

A pesar de las suspicacias de Alfonso XIII, su esposa leyó en francés al marino Pierre Loti, a Pierre Benoit -autor de *L´Atlantide* (1919)-; a Claude Farrere, que ambientaba sus novelas en lugares lejanos como Estambul, Saigón, Nagasaki… Y, debido a su fama, las obras más famosas de Paul Bourget, al que la crítica comparó con Balzac y que fue considerado un maestro de la novela psicológica, como *Le demon du midi* (1914) donde narró la relación adúltera de un hombre casado y de firmes convicciones religiosas. No por ser literatura francesa la reina dejó de buscar autoras femeninas como Alice Cherbonnel, de la cual tuvo su exitosa *Mon oncle e mon curé* (1889), historia de amor imposible; o Jeanne Laperche, Jeanne Dussap y Berthe Abraham, creadora de la sentimental *L´Heure decisive* (1920). La relación familiar que tuvo Victoria Eugenia con la familia real de Rumanía pudo influir en la adquisición o regalo de obras de autoras rumanas, escritas en francés ya que, en aquel reino balcánico, era el idioma de la cultura. Leyó en inglés la novela de tintes autobiográficos de Helene Vacaresco, *La femme du roi* (1900) y en francés la novela *Catherine-París* (1927) de la princesa Marta Bibiesco. De la escritora danesa Karin Michaelis, la reina poseyó *L´age dangereux* (1911), historia de una joven divorciada que comienza una nueva relación que también fracasa, lo cual le lleva a viajar con una amiga el resto de su vida. Todo lo cual demuestra que -pese a todas las convenciones sociales de su época- Victoria Eugenia tuvo a su alcance temáticas rompedoras con los tabúes culturales imperantes. Un aspecto que nos revela su tendencia a la modernidad.

Entre sus autores españoles de ficción, en su biblioteca se encontraban obras del liberal católico Pedro Antonio de Alarcón como *La Prodiga* (1910) o *El final de Norma* (1912); libros de Fernán Caballero y de la escritora Concha Espina, autora de popular *La esfinge maragata* (1920), en la que el amor de la protagonista no se cumple y debe casarse con su primo para solucionar los problemas económicos de su familia. Espina fue una autora de éxito y mujer separada, que pudo mantener a sus hijos con su profesión. Recibió la Orden de Damas de María Luisa, la más alta condecoración monárquica femenina.

Junta a obras religiosas relacionadas con doctrina católica, centros religiosos de adoración mariana, advocaciones religiosas y devoción al Sagrado Corazón de Jesús, Ena reunió también en su biblioteca libros de poesía, baladas y leyendas antiguas, la mayoría como regalos en ediciones de lujo, bellamente encuadernados. Obras de temática artúrica de Alfred Tennyson, las poesías del duque de Rivas, la obra *Dans ma nuit* (1897) de la poeta francesa ciega Bertha Galeron de Calonne, que la regaló personalmente a Victoria Eugenia. La edición de esta obra incluyó un prólogo de Carmen Sylva, seudónimo con el que escribió la reina Isabel de Rumanía.

Victoria Eugenia heredó el interés por el arte de su madre, con quien acudió en su infancia a visitar museos y exposiciones que tenían lugar en Inglaterra, formando de esa manera su gusto artístico. Una vez en España, las inauguraciones de certámenes y visitas a instituciones culturales formaron parte de los actos oficiales a los que asistía sola o acompañada por miembros de la familia real, a los que se regalaba el catálogo. Además de estos volúmenes, en su biblioteca figuraron obras sobre jardinería, historia del arte o de la cultura, tanto en inglés como en español. Muy interesantes resultaron la recopilación de dibujos sobre Egipto que realizó Lance Thackeray, los más humorísticos del artista gráfico americano Charles Dana Gison o las litografías sobre vistas de Zurich o grabados a punta seca de lugares exóticos como Samarcanda y Bujara.

Obligadas fueron las lecturas sobre historia de España, país donde su matrimonio la recibió como reina, empezando por obras de autores ingleses como Martín Hume o el compendio histórico del periodista Henry Edward Watts que narró la Reconquista medieval. En castellano apenas tuvo algunos libros como un compendio de historia de España de Alfonso Moreno y el estudio de Gabriel Maura -hijo del famoso líder conservador de la época de Alfonso XIII- sobre el rey Carlos II y su corte. Pero vivir la historia marca poderosamente las vidas de sus protagonistas, por lo que no resulta extraño que Ena recibiera un gran impacto de la Primera Guerra Mundial, donde uno de sus hermanos murió y tanta repercusión tuvo en todo el mundo. De ahí que en su biblioteca estuvieran presentes obras publicadas sobre el conflicto donde se analizaban sus causas y consecuencias como L´*Allemagne avant la guerre* (1915) del belga barón de Beyens y *Six weeks at the war* (1914) de la duquesa Millicent de Sutherland, un relato realista de la guerra y de su actividad como enfermera en varios hospitales franceses cercanos al frente. Conservó también un volumen de poesías en francés de Julián Peláez, dedicados al conflicto y a la muerte de su hermano Mauricio. También reunió un conjunto de novelas con el protagonismo de la Gran Guerra como telón de fondo, casi todas ellas francesas o inglesas, aunque también hubo alguna alemana que la reina leyó en inglés como *Sin novedad en el frente* (1929) de Enrich M. Remarque. Esta famosa novela antibelicista narró las desventuras de los jóvenes alemanes de 1914 que fueron al frente francés a una guerra horrible y despiadada que los marcó para siempre.

Como británica, tuvo obras de géneros muy propios de la historiografía que cultivaba su país con calidad, como era la biografía y las memorias. De ahí las firmadas por la zarina rusa Catalina la Grande, la noble Catherine Radziwill, la princesa Luisa de Bélgica, las del diplomático Frederick Hamilton o las de su propio padre, Enrique de Battemberg. Victoria Eugenia también leyó la biografía de la escritora inglesa Henrietta Eliza Vaughan -impulsora de las mujeres periodistas- y la de Nell Guyn, actriz y amante del rey Carlos II de Inglaterra. Del padre Luis Coloma -famoso por escribir *El ratoncito Pérez* para el rey niño

Alfonso XIII- leyó sus biografías sobre don Juan de Austria -el héroe de Lepanto-, el cardenal Cisneros y la escritora Cecilia Bölh de Faber, conocida como *Fernán Caballero*. De utilidad contemporánea en su época fue la recopilación de biografías de reinas anteriores a la Primera Guerra Mundial, obra de Marie Gourand d`Ablancourt.

De esa manera, Ena formó, durante el reinado de su marido, una colección para su uso y disfrute propio, adquiriendo libros sin un interés bibliófilo sino para su propio disfrute como lectora. Actuó como una mujer moderna -como en otros aspectos-, manteniéndose al corriente de las novedades y éxitos editoriales internacionales, como también hicieron otras mujeres de la clase alta europea, impulsando especialmente en su familia la producción literaria británica.

Un rincón de a Real Biblioteca de Palacio.

Ena por Kaulak.

DIFICULTADES DEL PAÍS Y DEL MATRIMONIO REAL

En febrero de 1917 se produjo la primera fase de la Revolución rusa que abolió la Monarquía y proclamó una República democrática cuya inestabilidad proporcionaría una oportunidad a los comunistas que intentaron tomar el poder en el mes de octubre. La noticia provocó un efecto imitación en numerosos países europeos, entre ellos España. Ese año, oficiales del Ejército se organizaron en Juntas de Defensa que, pretendiendo defender y reivindicar puntos profesionales, se convirtieron en puntales para facilitar un cambio político. En el verano, la socialista UGT y la anarquista CNT pactaron para derribar la Monarquía constitucional mediante una huelga general revolucionaria, proyecto al que se unieron los nacionalistas catalanes de la Lliga, los republicanos y los reformistas en el mes de junio. Esta amplia coalición -tras el fracaso de la huelga general- esperó el apoyo de las Juntas de Defensa. Éstas se alzaron como una instancia de poder alternativo al gobierno constitucional y aumentaron su carácter revolucionario. Su modelo provocó su imitación por suboficiales y funcionarios civiles mientras su actuación motivó que Alfonso XIII estuviera al borde de la abdicación en tres ocasiones entre junio de 1917 y marzo de 1918.

La apuesta política más importante de los junteros fue su unificación con las demandas de la Asamblea de Parlamentarios en el otoño de ese año. Sólo la retirada de ese proyecto por parte de la Lliga catalana y la habilidad del ministro de la Guerra, Juan de la Cierva, para convertirse en el portavoz civil de las juntas permitieron su reconversión en un movimiento corporativo. Les ofreció una serie de contraprestaciones oficiales que los siguientes gobiernos tuvieron que respetar si no querían oír ruido de sables. Pero el frente revolucionario logró un objetivo -derribar el gobierno conservador de Dato el 27 de octubre de 1917- pero murió a la hora de administrar su triunfo. Un nuevo gobierno de concentración liderado por el liberal Manuel García Prieto se encontró dominado por los nacionalistas catalanes, que a su vez mantenían el apoyo de los junteros. El programa del nuevo gabinete se cifró como objetivos la convocatoria de Cortes y la reconducción de la situación militar. El reformista Melquiades Álvarez, presionado por los republicanos y los socialistas, se negó a participar como ministro sin una previa declaración de que las futuras Cortes que ese nuevo ejecutivo debía convocar serían constituyentes. Cuando Juan de la Cierva desactivó las juntas, García Prieto pudo articular una coalición electoral contra los nacionalistas catalanes y sus aliados, derrotarles en las elecciones de febrero de 1918 y deshacerse de los dos ministros nacionalistas catalanes.

La ruptura de fuerzas revolucionarias permitió a los partidos constitucionales ratificar su fuerza electoral, lo que demostró la potencialidad del sistema político. Sin embargo, la crisis de 1917 aniquiló las convenciones del mismo y dividió poderosamente al Partido Liberal -la izquierda constitucional- que se fragmentó en numerosas formaciones. La amenaza de dictadura militar aumentó, pero fue Alfonso XIII quien lo evitó favoreciendo un nuevo gobierno donde se repartieron los Ministerios en función de la fuerza demostrada por cada partido en las elecciones y lideró Antonio Maura. Ese llamado "Gobierno Nacional" no fue más que un expediente de urgencia para salvar al régimen constitucional, pero por sí mismo no era una solución al problema de la gobernabilidad. La revolución de 1917 rompió la brújula de las reglas que habían objetivado la alternancia, lo que se llamaba el "turno de partidos" que hacían viable la función de gobierno. Se hizo evidente que se necesitaba una redefinición eficiente del modelo originario del sistema constitucional de 1876 y esa debía ser la tarea de la clase política. Cualquier futura crisis de importancia -por ejemplo, una derrota militar- ya no contaría con los mecanismos de amortiguación establecidos anteriormente. En los siguientes años, se intentó volver al sistema de turno entre los conservadores y los liberales, aunque el abanico político se fragmentó cada día más, pero los republicanos y socialistas no encontraron medios suficientes para derrocar el sistema.

En medio de este clima político, con el telón de fondo del miedo a la expansión del comunismo soviético por toda Europa y el estallido de la guerra civil rusa entre blancos y rojos, el matrimonio de los monarcas españoles se encontraba roto. Sin embargo, Ena, manteniendo la más absoluta discreción, intentó -varios años después de haber tenido sus siete hijos- darle otro heredero al rey. Y siempre se decía, en aquella época, que un vástago podía unir a un matrimonio desunido. En 1916, Ena escribió a la reina María de Rumanía que había estado dos meses en cama, ya que había tenido un aborto con pésimas complicaciones. Alcanzó una fiebre de 40 grados y los intensos dolores que sufrió revelaron apendicitis. "El cirujano casi no podía encontrar mi apéndice", recordará años más tarde. Alfonso XIII, ante la gravedad por la que atravesó su esposa, reaccionó bien y permaneció junto a ella. Al escribir durante su convalecencia a la reina Mary de Gran Bretaña, Victoria Eugenia le señaló "Alfonso se une a mí para desearte todo lo mejor y enviarte nuestro cariño", algo que prácticamente no escribía en sus cartas a Inglaterra, muestra de los detalles que el rey tuvo con su mujer.

Pero hubo un segundo intento fallido. Una carta, fechada el 2 de abril de 1918, el médico Sebastián Recasens informaba a sus superiores que, en el segundo mes de embarazo, la reina había tenido un aborto que había exigido que se le practicara una pequeña operación, cuyo resultado había sido satisfactorio[19]. En todo caso, demuestra que la pareja todavía mantenía momentos de intimidad, pese a que Ena sabía que todo el mundo justificaba los escarceos amorosos del rey y culpabilizaban a ella de todo lo que hiciera Alfonso XIII en este terreno. La gente cruel la llamaba "la pava real" sin comprender el alto grado de dignidad, discreción y señorío con que mantuvo los graves problemas personales y de su familia.

La reina mantuvo su pena en la oscuridad, para no ser objeto de más rumores y murmuraciones constantes. Superar las infidelidades de

---

[19].- AGP, 8.808/9.

su marido no debió ser tarea fácil, por lo que se refugió en la indiferencia al respecto, pese al dolor íntimo. De ahí que algunos la consideraran una "bella estatua impasible", una mujer fría, aunque, en realidad, esa careta ocultaba una mujer con sentimientos, pero educada en la impasibilidad británica como herramienta de salvación. Su vida estaba llena de situaciones dramáticas pero compartidas con otras que eran lo contrario. Aunque fue muy duro unir su grave situación familiar en España con las de sus parientes europeos. Uno de sus hermanos era hemofílico, otro había muerto en Ypres, muchos de sus primas y sus familias habían sido derrocadas de sus tronos como consecuencia de la Primera Guerra Mundial. Y, en el caso de la zarina Alejandra de Rusia, su maridos e hijos -pese a los humanitarios intentos de Alfonso XIII por salvarles- finalmente serían asesinados por los comunistas rusos en 1918. Su marido intentó salvar de las revoluciones europeas a cuantos parientes europeos pudo, de ahí su interés por trasladar a España a los emperadores de Austria, Carlos I y Zita y su abundante prole. Ena fue capaz, poco a poco, de proveerse de una coraza que utilizaba cuando la situación era cada vez más difícil.

Con el paso del tiempo, comentó que cada mañana se repetía "Ríe y el mundo reirá contigo; llora y llorarás sola". En consecuencia, organizó su vida de manera que los que le rodeaban pudieran al menos sonreír, ya que reír era más difícil.

1917-06-10 Victoria Eugenia Palacio de los Windsor.

4. CUANDO EL DEBER SE IMPONE

Pág ant .Victoria Eugenia por Bernhard Österman, (M Prado).
En esta pág. un retraato de Ena con la diadema de las flores de Lys.

1921: AUMENTA EL COMPROMISO DE LA REINA

El año comenzó trágicamente en España con el asesinato del presidente Eduardo Dato a manos de anarquistas, el 8 de marzo, afectando seriamente a un Alfonso XIII sinceramente preocupado por la estabilidad política española y el futuro de la nación. Aunque la política en el Protectorado de Marruecos parecía ir por buen camino, pues el general Berenguer, comisario general, estaba a punto de acabar con el jefe rebelde El Raisuni, en la zona Occidental, mientras en la Oriental, el general Manuel Fernández Silvestre, comandante general de Melilla, consolidaba sus posiciones para ir poniendo bajo la autoridad efectiva del sultán marroquí a más tribus y tierras. Pero una serie de errores, sobre todo en la mutación de los enemigos rifeños acaudillados por Abd-el-Krim en número, armamento y táctica, provocaron una derrota militar española conocida como el desastre de Annual, entre el 22 de julio y el 9 de agosto de 1921. La plaza de Melilla se sintió amenazada y hubo que enviar tropas para evitar su caída.

Al poco tiempo de conocerse los sucesos de Annual, la Asamblea Suprema de la Cruz Roja realizó un llamamiento, el 23 de julio, a todas las comisiones nacionales imponiéndoles, de manera inaplazable, la generosa actividad a favor de los soldados y oficiales heridos o desaparecidos. Victoria Eugenia comprendió que resultaba urgente impulsar esta misión en tiempo de guerra, para lo cual fue necesario recaudar más fondos que nunca. Cuando el ministro de la Guerra, La Cierva, visitó Melilla a mediados de agosto y su línea defensiva, quedó impresionado por la falta de material que padecía la comandancia militar, especialmente en la relativo a servicios sanitarios. Por ese tipo de situaciones, Victoria Eugenia impulsó la Fiesta de la Bandera, para que las mujeres postulasen, -inspirándose en el precedente de Fiesta de la Flor- solicitando dinero para la tarea inmensa que debía acometerse en África. El gobierno Maura que se formó en el verano tuvo como misión plantear una campaña de reconquista del territorio perdido que conllevaría, inevitablemente, muertos, heridos y desaparecidos.

La nueva Fiesta de la Bandera serviría para canalizar las donaciones individuales especialmente hacia los soldados heridos en tierras africanas, evitando que se perdieran en el mar de las necesidades cotidianas. Como señaló algún periódico, se trataba también de que los combatientes sintieran que no estaban solos, sino que toda la sociedad estaba con ellos: "el pueblo español debe dar la fuerza moral que otorga la asistencia cordial, el cariño permanente, el recuerdo del hermano que pelea". Por ello, a lo largo de la campaña, el espíritu público no abandonó a los soldados que embarcaban hacia África. En un principio, se celebraron estas fiestas en Santander y San Sebastián, pero pronto se extendieron a toda España. Las damas enfermeras de la Cruz Roja también participaron en los acompañamientos y ofrecimientos de medallas, escapularios, rosarios, tabaco o dinero a las tropas en los momentos de marcha en los puertos y estaciones de tren.

Victoria Eugenia comprendió que la desesperada situación de Melilla obligaba a todo tipo de gestos inmediatos en su ayuda. Por ello, envió como representante suya a Carmen Angoloti, duquesa de la Victoria, que viajó en avión a la ciudad con el doctor Víctor Manuel Nogueras. Le acompañaron María Benavente -hija de médico y sobrina del gran dramaturgo-, Concha Heredia y Carmen Merry del Val. Como enfermeras de la Cruz Roja se presentaron ante los jefes militares con la pretensión de arreglar la cuestión sanitaria, levantar hospitales, curar heridos y dar una lección a los hombres. Cuatro mujeres en una guerra atroz, llena de miserias. Ante la oferta de retornar a España que le sugirió un oficial, Francisco Triviño, Carmen Angoloti respondió que cumpliría su misión: "O con usted o contra usted. Es orden de la reina y basta".

Este equipo femenino logró encontrar un local para establecer un hospital: un antiguo edificio de los Hermanos de la Doctrina Cristiana, al que dotaron de 100 camas, logradas a bajo precio de un comerciante alemán, desesperado ante la negativa del ejército a comprárselas. Continuaron buscando enseres, ropa y material, inaugurando el centro sanitario el 4 de agosto, el cual se llenó en muy poco tiempo de heridos. Fue necesario buscar otro local para ampliar el nuevo, por lo que el Ayuntamiento cedió un grupo escolar recién construido, que se puso en funcionamiento a finales de ese mismo mes con doscientas camas. Paralelamente, el número de enfermeras voluntarias aumentó con más incorporaciones: varias hermanas religiosas y todas las mujeres de la Cruz Roja de Melilla. La reina apoyó las decisiones de la duquesa de la Victoria, a la que envió, el 6 de agosto, el siguiente telegrama.

> *Recibida tu segunda carta me parece perfectamente idea segundo hospital. Voy a iniciar suscripción nacional para obtener fondos y te envío inmediatamente treinta mil pesetas. Saldrán de Madrid pasado mañana. Noguera se ofrece. Contéstame si deseas tenerlo contigo en uno de los hospitales[20].*

En muy poco tiempo, el general Berenguer visitó el hospital de la Cruz Roja, manifestando su admiración por la buena organización del mismo, conclusión a la que llegarían todos aquellos que atravesaron el edificio . Y es que Carmen Angoloti y sus enfermeras se convirtieron en una ayuda inestimable. La duquesa de la Victoria organizó los suministros, llevó la contabilidad, recogió donativos, mantuvo correspondencia con la reina y personalidades de la época, dispuestas a colaborar en su labor asistencial. Las enfermeras no sólo atendieron a los pacientes en el hospital, sino que les alimentaron y cuidaron llegando incluso a escribir cartas al dictado de soldados analfabetos. Clasificaron a los ingresados por sus heridas, no por sus grados militares; organizaron turnos quirúrgicos renovados; realizaron un control estricto de los postoperatorios y mejoraron la alimentación, al tiempo que vigilaron exhaustivamente la limpieza de los pabellones. Para comprender su labor, basta con recordar el estado de los hospitales Dockers que existían en la plaza desde 1909: descuidados, sin pintar, semidestruidos,

---

[20].- AGP, 5.600.

hubo que habilitarlos provisionalmente. Estaba llenos de parásitos, tan tenaces que las más fuertes pinturas no lo ahuyentaban, porque las maderas estaban podridas.

La impresión que tuvo el ministro de la Guerra sobre la situación sanitaria de Melilla hizo que impulsara la formación de varios equipos quirúrgicos bajo la jefatura del doctor Gómez Ulla, un joven sabio activo muy respetado. Para luchar contra el paludismo se nombró otro equipo que no sólo dirigió la quinización de los soldados, sino que se ocupó de las depuraciones de las aguas y desecación de terrenos pantanosos e insalubres. En Melilla, la Cruz Roja levantó un segundo hospital que fue inaugurado a finales del mes de septiembre. Más adelante comenzaron a levantarse centros sanitarios en otros lugares como en Larache, mejorando algunos como el hospital de Ceuta y, donde no fue posible establecerlos, se instalaron más barracones prefabricados. Victoria Eugenia envió información a la duquesa de la Victoria sobre aquellos que ofrecía una empresa británica, en forma de caseta con cuatro habitaciones, que fueron finalmente adquiridos. En la organización de los hospitales de segunda línea destacaron los buques-hospitales, como bases fijas, servicios técnicos y centro de evacuación de heridos. También en ellos participó la incansable Carmen Angoloti, la cual no dudó en acudir al frente de guerra, en Tauima, Zeluán, Nador y Monte Arruit, atendiendo personalmente a los soldados. Su fotografía y la de sus enfermeras fueron destacadas en los periódicos durante todos los años que duró el conflicto, de manera que se conoció en toda España la labor de la Cruz Roja en África La organización también trató de intervenir activamente en el rescate de los prisioneros españoles en manos de Abd-el-krim, a través de Manuel Fernández Almeida, oficial de Marina encargado de transportar ayuda material a los cautivos de los rifeños y negociar su libertad, nombrado en noviembre de 1921. Por diversas razones, la oportunidad se desvaneció y nada pudo hacer salvo enviar remesas de una ayuda humanitaria que, cuando les llegó -que no se logró siempre por el robo de los rifeños- fue muy bien recibida por los cautivos. El ministro La Cierva, durante su viaje al Protectorado en el mes de diciembre, se entrevistó con Fernández Almeida, el cual le confirmó la negativa de los rebeldes y su estrategia de alargar la cuestión en su beneficio exclusivo.

Durante la guerra y tras su finalización victoriosa, la duquesa de la Victoria recibió numerosos homenajes y medallas, levantándose dos monumentos, en Cádiz y Madrid, en reconocimiento a su intensa labor humanitaria. El 22 de noviembre, Alfonso XIII le envió un telegrama notificándola que había tenido la satisfacción de firmar la concesión de la gran cruz de beneficencia "por tu hermosa labor". Incluso el crítico diputado socialista Indalecio Prieto escribió que los heridos tenían "ahora salas limpias, ropa lavada y buena alimentación", frente a los alojados en "el infecto hospital militar Docker".

Paralelamente a la actuación de las enfermeras enviadas a Melilla, la Asamblea Central de la Cruz Roja utilizó el hospital central de Madrid como centro gestor de la campaña humanitaria de intervención en la zona de conflicto y coordinó las diversas juntas locales de provincias. Se envió un grupo de diez enfermeras a Málaga, para organizar un hospital-escuela en la población y atender a los soldados.

Ena participó y se presentó en todas las actividades que podían generar donaciones para la Cruz Roja. Al encontrarse en Santander en ese verano trágico, acudió a fiestas en el casino del Sardinero a beneficio de los soldados heridos, entregando un alfiler de brillantes para que fuera subastado, logrando la máxima puja de 32.000 pesetas el millonario americano Harold Meade, a quien Victoria Eugenia agradeció personalmente la compra. Para comprender el alcance de ese dinero, basta recordar que las jóvenes que postularon durante la fiesta lograron 5.000 pesetas. Se hizo pública una suscripción -encabezada por la familia real- para los hospitales de la Cruz Roja, que la mayordomía mayor de palacio se encargó de hacer pública, con ayuda de la prensa, según fueron pasando las semanas, con la lista de donantes[21].

A comienzos de septiembre, Victoria Eugenia alternó la tradición con la modernidad, al visitar el asilo de la Caridad y asistir a un partido de fútbol con sus hijos en el Sardinero entre los clubs Santander y Bilbao, a beneficio de los soldados heridos. Debe tenerse en cuenta que el fútbol era un deporte popular, en ningún caso de elites como el polo, por lo que la asistencia de la familia real era un claro ejemplo de acercamiento al pueblo. Al pasar por Bilbao la reina inauguró el hospital de la Cruz Roja y se reunió con su comité femenino donde le informaron de la organización del mismo y de la confección de material

---

[21].- AGP, 15.808/16 y 12.958/12.

sanitario que se enviaría a Melilla, así como de todas las suscripciones patrióticas que se habían abierto para conseguir dinero. El 17 de septiembre, Victoria Eugenia visitó la fábrica de pastas Olibet, donde fue aclamada por los obreros y encargó 700 latas de galletas para enviar a los heridos en Melilla. En la capital donostiarra se celebró una gran tómbola a beneficio de la Cruz Roja con asistencia de la reina a quien se le entregó un cheque de 8.000 pesetas, fruto de la recaudación de partidos de pelota vasca a beneficio de heridos y sus familias. A ello se sumaron las continuas donaciones extranjeras, como las 40.000 pesetas de la Cruz Roja mexicana; las 5.000 de Tabacalera de México y las 27.000 que, en aquellas tierras, entregaron emigrantes españoles y ciudadanos mexicanos. La revista londinense *African Word* envió abundante material -2.000 vendas, 1.000 jabones desinfectantes, 1.000 latas de píldoras, 1.000 de tierra desinfectante para letrinas…-, mientras la Legación de Chile entregaba al rey 250.000 pesetas para la suscripción abierta por la consorte regia y otras 100.000 remitidas por los residentes españoles en aquel país. Desde Montevideo, Buenos Aires, La Habana, los emigrantes enviaron sus aportaciones, de tal manera que, a inicios del mes de diciembre, la suscripción de Victoria Eugenia había logrado 4.738.963,89 pesetas, el doble de la cantidad recaudada en 1909 por la guerra de Melilla.

Desde todas las capitales de provincia y, especialmente, las costeras, las presidentas de las juntas locales telegrafiaron al inspector general de la Cruz Roja para confirmar que sus hospitales se encontraban preparados para recibir heridos trasladados desde Melilla, así como el número de donaciones. En Zaragoza, doce enfermeras y un médico se ofrecieron voluntarios para marchar hacia Melilla. En Granada, la Real Maestranza ofreció cuarenta camas equipadas y otras tantas el Real Patronato Antituberculoso, mientras la presidenta de la junta gaditana se entrevistaba con las autoridades para lograr instalaciones donde albergar a los heridos. Gracias a sus gestiones, la Cámara de Comercio de Cádiz ofreció sus salones, la Diputación Provincial 132 camas de su hospital, otras 100 la hermandad de la Caridad y la empresa Diego Morales todos sus carros para el transporte de heridos. Ejemplos semejantes se produjeron en toda España. Consecuencia inesperada de toda esta actividad fue la finalización de la construcción de hospitales -como el de Barcelona- y el impulso a las escuelas de enfermería en numerosos lugares de España.

Pero la campaña de reconquista de 1921 también produjo otras consecuencias sociales, puesto que, al marchar ciertos hijos o hermanos mayores a tierras africanas, dejaban en desamparo a sus familias. De ahí la organización e impulso de la acción social de instituciones como comedores infantiles gratuitos de comités femeninos de higiene popular y los necesarios repartos de ropas.

Los periódicos y semanarios publicaron constantemente fotos de la familia real visitando los hospitales de heridos en Madrid y otras localidades. Alfonso XIII hablaba con ellos, animándolos y reconociendo sus méritos, mientras la reina le imitaba, luciendo su uniforme de enfermera de la Cruz Roja. En otras ocasiones, Victoria

Eugenia acudió sin su marido, lo que le otorgó mayor protagonismo, siempre vestida de la misma manera, con ese uniforme "emblema de la caridad en la guerra, del consuelo a los heridos" como le bautizó la prensa. El día de su cumpleaños, 24 de octubre, el tercio de extranjeros le envió un ramo de crisantemos y dalias con la dedicatoria "A la reina de España, madre de los heridos". Se popularizó la imagen de Victoria Eugenia con la benéfica actuación de la Cruz Roja de tal forma que la revista *La Esfera* regaló a sus lectores, 19 de noviembre, su retrato luciendo el uniforme de enfermera. Cuando la revista *Nuevo Mundo* eligió como "figura de la semana" al combatiente herido, seleccionó una serie de fotos donde Victoria Eugenia aparecía con ellos en los jardines de los hospitales. El prestigio de la institución motivó al gobierno Maura a encargar -el 12 de diciembre- al delegado de la Cruz Roja, Fernández Almeida, que negociara la liberación de los prisioneros en manos de los rifeños.

La reina trató de impulsar con su presencia y su posición todo tipo de iniciativas privadas que pudieran favorecer a las tropas del Protectorado. Por ello, al conocer que Josefina Díez, propietaria del madrileño establecimiento Regium, había organizado "el paquete de la madre" se interesó y se presentó en la tienda. Su impulsora le explicó que se trataba de reunir, con ayuda desinteresada de donaciones hechas por comerciantes y empresarios, un conjunto de objetos útiles para enviarlos a los soldados. Y, para evitar que los derechos arancelarios no gravasen esos artículos había pensado utilizar la calidad de puerto franco que poseía Melilla.

Victoria Eugenia le explicó que ella estaba pensando en impulsar otra idea: la visitadora del herido. Una mujer que pudiera recordarle a la madre ausente, por lo que su misión consistiría en visitar a los soldados y oficiales en los centros sanitarios, escribir cartas en su nombre si no sabían o no podían, procurando un afecto materno y compañía que les ayudara en las circunstancias que atravesaban. No debe olvidarse que la reina debía ser modelo de católica y, para el cristianismo, entre las obras de misericordia corporales, la primera invita a "visitar y cuidar a los enfermos". De este modo, quien está sano -y también quien está enfermo, pero todavía puede hacer mucho- ofrece su tiempo, su cercanía, sus palabras oportunas, sus cuidados, a quienes conviven durante días o meses con la enfermedad. La invitación de visitar a los enfermos proviene del mismo Jesucristo. Primero, con su ejemplo, pues acogió y sanó a muchos enfermos que encontró a lo largo de su vida. Después, con sus palabras, al recordar que quien visita a un enfermo visita al mismo Cristo, como indica el evangelio de San Mateo.

La idea de Victoria Eugenia se llevó a cabo en Madrid entre aquellas asociadas de la Cruz Roja que no eran enfermeras, acudiendo a los centros sanitarios para visitar a los soldados y oficiales, trayéndoles regalos y atención. Ante el éxito de esta iniciativa, se formaron las asociaciones de las visitadoras del soldado herido en aquellas ciudades con hospitales militares donde se restablecían las tropas que llegaban de África.

Paralelamente, la reina continuó realizando gestiones para

proveer de material y vehículos a los hospitales de la Cruz Roja. Para conseguir suero anti gangrenoso ordenó al embajador en París, Quiñones de León, que encargara varias cajas al instituto Carrión, pero, al no prepararlo para las necesidades de la campaña africana, el diplomático se dirigió al instituto Pasteur que se hizo cargo de la producción. Entre agosto y noviembre se enviaron a Madrid y Melilla sucesivas remesas de suero, lo que la reina comunicó a la duquesa de la Victoria, que solicitó con urgencia pijamas para los heridos. La secretaría regia intentó conseguir información de las autoridades de Barcelona sobre las telas más adecuadas para su elaboración y las fábricas que podrían asumir el encargo. Al comunicarse que no existía suficiente género para aceptar la petición de la reina, se ordenó al embajador en Londres, Merry del Val, que encargara 250 pijamas a empresas británicas, de los cuales un centenar fueron regalados, finalmente, por la duquesa de Montellano. Junto a una gran remesa de bolsas de goma para agua caliente, las prendas fueron enviadas a los hospitales de San Sebastián y el Protectorado, alcanzando finalmente la cifra de 400 pijamas que llegaron vía Gibraltar. Además, Victoria Eugenia regaló 100 colchonetas para las camas y gestionó la compra de cuatro ambulancias en Gran Bretaña, adaptadas a las necesidades y camillas españolas, que fueron enviadas a Madrid, Málaga y Melilla en diciembre.

A pesar de la importancia nacional que se otorgó a la campaña de reconquista del Protectorado, Ena no olvidó otras labores sociales, pues continuó visitando y realzando la labor, por ejemplo, del asilo de San Rafael en la capital. Refundado en 1892 como refugio para niños raquíticos y escrofulosos pobres, su capacidad pasó de 25 a 120 camas en las que se atendieron a miles de enfermos con tumores blancos, mal de Pott, raquitismos y parálisis infantil. También aceptó la presidencia del Patronato de Ciegos que le ofreció el gobernador de Madrid mientras el rey cedía 75.000 pesetas obtenidas como indemnización por una expropiación para que se construyera un edificio para albergar obreros sin trabajo y hogar en la capital. A comienzos del mes de diciembre, la reina recibió la placa de honor y mérito de la Cruz Roja, costeada por todas las mujeres ligadas a la institución, en una ceremonia en la que participaron su presidente, Eladio Mille, y el ministro de la Guerra. En su discurso, La Cierva subrayó la contribución femenina al esfuerzo de la guerra.

> *La reina doña Victoria ha sabido recoger, como nadie, el espíritu de las mujeres españolas, modelos de abnegación y sacrificio que, a pesar de haber perdido muchas de ellas a sus hijos en los campos de batalla, no han vacilado en imponerse a su propio dolor, dando ejemplo de santo amor a la patria (...). Todo cuanto se haga en favor de quienes luchan en África será poco para lo que ellos se merecen. Los soldados de hoy no son como los mercenarios antiguos y lo menos que debe hacerse es atenderlos en todo lo necesario.*

La reina Victoria en el palacio de La Magdalena de Santander con una falda con la que difícilmente podría ganar un solo juego. *Mundo Gráfico* (11-IX-1912).

En la playa del Sardinero de Santander en el verano de 1912. *Mundo Gráfico*.

Santander, Plaza de Toros en 1916. La corrida la preside la reina Victoria Eugenia acompañada por la infanta Luisa de Orleans. Fot. Desconocido.

Santander Plaza de Toros en 1917. Los reyes presiden la Corrida de la Beneficencia. Fot. Desconocido,.

Santander, 1919. Llegada de los reyes para veranear. En la fotografía de Wünch, se aprecia el engalanamiento de la Avenida de Alfonso XIII. Al fondo el Hotel Europa, el Salón Pradera y el edificio contiguo a la Catedral.

Los reyes en Sevilla. Llegan al solar de la puerta de San Jorge para colocar la primera piedra donde se va a construir una casa de expósitos. *Mundo Gráfico* (18-II-1914).

Arriba izq. La reina sale del Hospital de Antequera (Málaga) en diciembre de 1921.
Arriba der. Las mujeres de Antequera llenan de flores por donde va a pasar Ena.
Centro izq. Las mujeres presentes en el acto se hacen una fotografía de recuerdo.
Centro der. La reinas por la calle Estepa.
Abajo izq. Por la Cruz Blanca.
Fot. Arenas. Blog M. Rodríguez Garcia.

VICTORIA EUGENIA EN ANDALUCÍA: UN VIAJE TRIUNFAL

A finales del año 1921, Victoria Eugenia realizó un periplo por Andalucía con el objetivo de visitar la mayor cantidad de hospitales y heridos posibles. Su marido, a lo largo de su reinado, había viajado de manera sistemática por todas las regiones españolas para popularizar su figura y establecer contacto no sólo con las autoridades y las elites locales, sino especialmente con las clases populares, una herramienta ya habitual en las Monarquías europeas a la hora de construir imagen y consolidar su utilidad institucional. Al igual que su padre -el rey Alfonso XII- en sus inicios en el trono, Alfonso XIII dedicó mucho tiempo a conocer España y especialmente a ser conocido y resultar cercano a la población, acompañado o no por su esposa, dependiendo de las ocasiones. El rey concibió este contacto directo con la sociedad de una manera novedosa, al adaptar la monarquía -una institución en principio instalada en las tradiciones-a la política de masas que se iba consolidando en el mundo. La puesta en escena del ritual del viaje desplegó una serie de elementos comunes reproducidos repetitivamente dentro del canon de la visita oficial durante su reinado, al seguir unas pautas preestablecidas que se perfeccionaron con el tiempo y la experiencia. Entre las mismas destacó la vertiente religiosa, la militar -que en ocasiones podía a llegar a ocupar una parte muy importante del programa de la visita-, el contacto con las clases populares -que llenaron los libros de anécdotas reales posteriormente-, el papel de las autoridades y las elites locales de cada localidad visitada o la vertiente cultural, académica y deportiva. La Corona, de esta manera, despertó un fuerte halo de seducción, de fastuosidad y magnificencia, que se potenció precisamente escenificando su presencia entre las masas. Estos lugares comunes se complementaron a su vez con una serie de eventos de tipo cultural, artísticos, académicos, etnográficos o deportivos mostrando la faceta más ociosa de la agenda de las visitas oficiales. Así, también tuvieron cabida espectáculos taurinos, regatas marítimas, conciertos, obras de teatro, visita a museos, recreación de fiestas regionales o espectáculo. Sin embargo, el viaje de Victoria Eugenia a Andalucía no siguió estrictamente esas pautas.

Ena fue acompañada de la duquesa de San Carlos -su camarera mayor-, los marqueses de Bendaña y de la Ribera, el ayudante del rey Carlos Molins, además del secretario general de la Asamblea de la Cruz Roja. Llegó el día 5 de diciembre de 1921 a Sevilla, alojándose en el Alcázar y, como ocurrió en el resto de las capitales de provincia que visitó, la reina participó en actos de los roperos de Santa Victoria. Durante este viaje, rodeada de clero y de mujeres vinculadas a esta iniciativa social la reina repartió paquetes entre familias pobres cuyos hijos servían en África. También acudió a rezar en todas las capillas de hospitales y en las catedrales andaluzas. De esta manera se esperó que su público compromiso cristiano, su ejemplo como católica, fuera imitado por otras mujeres, lo que el clero agradeció a la reina.

No obstante, fue la visita a centros sanitarios públicos y privados el componente fundamental del viaje andaluz, aunque donde tuvo tiempo también presidió reuniones de juntas locales femeninas de la Cruz Roja y de la Liga Antituberculosa. Al finalizar su visita a cada ciudad, la reina donó una determinada cantidad de dinero para los más necesitados, pero no sólo a las autoridades eclesiásticas sino siempre a las municipales o a los responsables de los hospitales. También encargó la entrega de gratificaciones en metálico a ciclistas de la Cruz Roja que la acompañaron en Sevilla y Málaga, a los escoltas de la guardia civil y a numerosos servidores y empleados de los lugares donde estuvo.

En Sevilla, Victoria Eugenia visitó los hospitales habilitados en el palacio mudéjar -construido para la futura exposición hispanoamericana- en el palacio de San Telmo y en el seminario, así como el hospital municipal, el provincial, el militar, el de la Santa Caridad y el de la Cruz Roja que, como en otras ciudades, se denominó con el nombre de Victoria Eugenia. Entre los heridos de la campaña marroquí repartió fotografías suyas con la dedicatoria "Para los valerosos soldados que tanto han sufrido en la defensa de nuestra amada patria" y de su esposo con las palabras "A los heridos del Ejército de África con un saludo afectuoso de su rey". Camino de Cádiz, la comitiva de la reina atravesó Jerez, siendo cumplimentada por las autoridades municipales del Puerto de Santa María, Puerto Real y San Fernando. En esas poblaciones, visitó el hospital de la Cruz Roja, el militar, el de la Mora -sostenido por la diputación-, los dos de San Carlos, el de San Juan de Dios -donde Victoria Eugenia habló con un veterano de la guerra marroquí de 1860-, haciendo una ofrenda floral en el monumento a los marinos ilustres caídos en combate, en la Escuela Naval. En medio del afecto multitudinario de la población, regresó a Sevilla.

Posteriormente, el día 8, la reina se dirigió hacia la ciudad de Málaga, punto de distribución de los heridos de guerra. Este puerto se había distinguido por su apoyo desde el principio, pues el pleno municipal, el 29 de julio -a los pocos días de Annual- expresó por unanimidad su sentimiento de pésame por los caídos y su absoluta confianza en la victoria final.

Gente sencilla acudió a vitorear a la reina en todos los pueblos que atravesó el tren real, deteniéndose en La Roda donde el cura del pueblo le solicitó ayuda para arreglar la iglesia del pueblo, ante el apuro del alcalde y otras personas presentes en la conversación. En Málaga, los obreros levantaron un arco en la estación como homenaje de afecto. Victoria Eugenia visitó el hospital de la Liga Antituberculosa, el de oficiales, instalado en el hotel Principal; el organizado en el grupo escolar, donde le mostraron las dos salas que costeaban los ferroviarios y las que sostenía el comité de auxilio con donaciones sociales. Un soldado leyó una poesía ensalzando la labor de la reina y un trabajador ferroviario le regaló un álbum de fotografías. A continuación, visitó el hospital que llevaba su nombre, costeado por la Cruz Roja y el comité femenino. Aclamada en las calles, la soberana habló con heridos de todos los rangos, entregándoles los retratos del rey con dedicatoria. El recorrido continuó en el hospital militar y en el llamado Noble, situado en el barrio de la Malagueta. Victoria Eugenia, durante su estancia, solicitó desayunar chanquetes y boquerones, lo cual fue un gesto apreciado por la población, así como su viaje en coche al pueblo de Churriana, que se volcó en su recibimiento, lamentando la reina estar tan poco tiempo entre sus habitantes, acudiendo a ver el sanatorio sufragado por la duquesa de Nájera. Alfonso XIII envió un telegrama a su esposa, esperando que no estuviera demasiado cansada y deseando que hubiera encontrado los hospitales "como Dios manda".

El día 11, camino de Granada, la expedición regia se paró en Antequera para saludar al personal y enfermos de su hospital, dotado con cien camas, donde estuvo una hora. Como señaló la prensa, las calles que atravesó la reina se habían transformado en alfombras de flores. En Granada se le tributó un gran recibimiento y el coche de la reina fue escoltado por estudiantes y la guardia municipal, atravesando toda la Gran Vía hasta llegar a la iglesia de la Virgen de las Angustias, donde asistió a un Te Deum, para pasar a descansar en el Hotel Palace, cerca del palacio de la Alhambra. Infatigable, Victoria Eugenia inició su periplo por los hospitales como el militar, el de la empresa de tranvías, el Refugio y el costeado por el exalcalde Manuel Páez de la Cámara. El broche final del viaje a Andalucía fue la ciudad de Córdoba, donde se hospedó en el palacio de la marquesa del Mérito, acudiendo a los hospitales de San Pelagio, Obreras Cristianas, el militar y el de la Cruz Roja, el cual había empezado con unas 100 pesetas y ahora disponía, gracias a las donaciones, de 45.000 y un notable grupo de enfermeras y médicos. El día 14, la comitiva regia llegó a la capital.

El viaje de la reina fue triunfal y no puede ser interpretado simplemente como un contacto entre la familia real y las élites provinciales, tanto sociales como políticas. Su presencia en escenarios religiosos no fue exclusiva, aunque no debe olvidarse que eran lugares donde se celebraban ceremonias que imbricaban a gente de todas las clases, en perfecta comunión de todo el colectivo social. Resulta evidente que las élites buscaron el acercamiento a la representante de la Corona, puesto que ello suponía un capital simbólico apreciado en provincias, pero el pueblo no fue un mero espectador, sino que se le quiso dotar de protagonismo, pues no en vano sus hijos eran los que se encontraban en los hospitales. Victoria Eugenia habló con soldados y oficiales de todos los estratos sociales, lamentó no poder hablar en vasco a un soldado que no entendía el castellano; reconoció a uno que había estado antes recuperándose en Madrid; repartió cartillas de ahorro y fotografías, manifestando su voluntad de acercarse y reconocer el mérito de los enfermos y convalecientes. Los telegramas que la reina y sus acompañantes enviaron a Alfonso XIII, en esos días, confirmaron el entusiástico recibimiento de las poblaciones, que no fue invención de la prensa.

Eso sí, hubo algo que no existió, hubo algo que faltó y fue lo que ordenó Victoria Eugenia. La reina no quiso festejos oficiales, ni comidas o cenas de gala con joyas y condecoraciones, ni funciones de teatro o corridas de toros, aunque fueran benéficas. No había acudido para eso, pues su viaje tenía que lucir la sobriedad propia de las visitas a heridos de guerra, puesto que quien fuera a ver el sufrimiento y a intentar consolar, no podía tener ánimo para fiestas.

Los andaluces respondieron a la visita manifestando su apoyo públicamente en la calle, en las estaciones de tren, en los centros sanitarios, adornando sus casas, iluminando sus balcones, enarbolando la bandera y tocando la Marcha Real, añadiendo -en algunos lugares como Granada- vivas y gritos de "reina guapa" y "reina buena". Victoria Eugenia recibió pequeños regalos de algunos soldados realizados con sus manos, escuchó sus poemas dedicados, sonrió con todos, recibió de la hermandad sevillana de la Santa Caridad un relicario de oro con una rosa disecada, procedente de uno de los rosales que plantó el católico Miguel de Mañara en el siglo XVII, entre otros detalles. Indudablemente, el viaje regio tuvo una consecuencia, quizá inesperada, pues fueron varios los periodistas que denunciaron en sus periódicos el estado de los hospitales militares visitados frente a la calidad de los de la Cruz Roja u otras entidades.

Y después de visitar siete poblaciones, treinta centros sanitarios y cerca de 2.000 heridos en unos diez días, llegaron cientos de cartas y telegramas a palacio el 23 de diciembre -santo de la reina- como agradecimiento por su actuación a favor de heridos y enfermos en campaña, por sus frecuentes y generosas iniciativas. Ese día, Victoria Eugenia -de acuerdo con su marido- decidió que no se celebrara ningún acto oficial en la corte por la situación que atravesaba la nación, al igual que no se habían realizado en su cumpleaños. La familia asistió a una misa y un almuerzo de carácter particular. Al terminar el Consejo de Ministros, todo el gobierno y representantes de las instituciones oficiales firmaron en un álbum de felicitaciones en la antecámara. Sin embargo, fiel a su vocación, esa misma tarde la reina acudió a una tómbola en el Palace Hotel a beneficio de la Cruz Roja, para que su presencia animara a los presentes a contribuir económicamente, ya que se subastaron objetos cedidos por familias y comerciantes.

Cabe recordar que, con motivo de su santo, tradicionalmente la reina destinaba una cantidad de dinero a obras de beneficencia y educación. De esta manera, 25.000 pesetas se dividieron en 60 organizaciones. Entre aquellas que recibieron una cantidad mayor destacaron la Real Asociación de Beneficencia Domiciliaria (9.000), la Asociación Matritense de Caridad (2000) y la Asociación femenina para el mejoramiento social y material de la clase obrera (1000). Donativos más pequeños fueron a organizaciones contra la trata de blancas, a favor de la rehabilitación de delincuentes, asilos -como el de las cigarreras- consultorios sanitarios, en ayuda de sordomudos, ciegos y mendigos, a mutualidades de empleados municipales la capital, grupos de apostolado, al sindicato obrero femenino de la Inmaculada, al refugio de San José, a la Institución teresiana, patronatos de barrenderos, funcionarios del estado, funcionarios diputación provincial y de jóvenes obreros de Nuestra Esperanza, entre otros. La misma cantidad se destinaba también a este tipo de organizaciones con motivo del cumpleaños del monarca.

GRATITUD Y ADMIRACIÓN INTERNACIONAL

Hasta 1931, la prensa continuó identificando a las mujeres de la familia real con la labor asistencial y reparadora de la Cruz Roja. Tanto la reina madre como la esposa de Alfonso XIII continuaron visitando a los heridos y enfermos de los hospitales de Madrid y otras ciudades, donde Victoria Eugenia colocaba, en numerosas ocasiones, los brazaletes a las enfermeras que habían alcanzado sus estudios, vinculando su imagen al desarrollo de esa profesión y a ese modelo de mujer moderna. La reina trató de implicar en esta institución a sus hijas, las infantas Beatriz y Cristina, acompañando a su madre y colaborando en diversas actividades hasta que tuvieran la edad para realizar los cursos de enfermeras y prestaran servicio en hospitales.

La presencia femenina en la Cruz Roja no sólo aumentó en esos años, sino que, gracias a la reina, se empoderó, pues muchas mujeres asociadas pasaron de desempeñar tareas simples de captación de fondos a gestionar asambleas, hospitales o campañas sanitarias de gran importancia, como la de la campaña de reconquista de 1921. Entre diciembre de ese año y julio de 1922 se titularon dos promociones en Madrid obteniéndose un total de 84 nuevas enfermeras. No obstante, algunos hombres mostraron su oposición y reticencias a la independencia de estas mujeres, al verse desprovistos de poder especialmente en asuntos de gestión económica. Victoria Eugenia también creyó oportuno que algunas damas enfermeras realizaran una formación externa complementaria, participando en cursos internacionales con la finalidad de trasladar posteriormente lo aprendido a su vuelta. De esta manera, Mercedes Carrasco y María Luisa Martínez Aguiar asistieron al curso internacional 1922-1923 celebrado en el Bedford College for Women en Londres. Además, aquellas enfermeras que ejercían como ayudantes del farmacéutico del Hospital Central, ante la enorme cantidad de fármacos que les solicitaban los demás centros de la Cruz Roja de la península y el Protectorado, tuvieron que recibir una formación extraordinaria.

Victoria Eugenia continuó gestionando las demandas que le solicitaban su suegra y la duquesa de la Victoria con ayuda de la embajada española en Londres, sobre todo en adquisiciones de ambulancias, pijamas y material sanitario, pero también de alimentos como galletas y leche condensada. La infanta Luisa le urgió el envío de hermanas de la Caridad para las salas e informó continuamente de la evolución de la Cruz Roja hispalense, que logró aumentar su presencia al ceder el albergue Sánchez Dalp tanto su propietario, un conocido empresario, como el ayuntamiento. Si bien se trasladaron los heridos que permanecían en el palacio de San Telmo al hospital militar en junio, el 11 de noviembre del año siguiente se inauguró un nuevo centro sanitario de la Cruz Roja, con el nombre de la soberana[22].

---

[22].- AGP, Gabinete Telegráfico, 5.602 y 5.603.

Agrupaciones sociales y sanitarias solicitaron audiencia para agradecer a la reina su labor como presidenta de la Cruz Roja, como la comisión barcelonesa de los doctores Carlos Moliné, Samuel Meza y Joaquín Domenech que le entregaron un número extraordinario de la revista *Laboratorio*, dedicada a ella y al cuerpo de enfermeras. Paralelamente, se publicaron numerosos artículos resaltando el esfuerzo continuo de los hospitales de la Cruz Roja -donde habían recibido asistencia 30.000 enfermos-, como el de Valencia, instalado en un edificio cedido por la Unión Pescadora que recibió cuatro expediciones de heridos sin distinción de grados militares ni cuotas, hasta el mes de abril de 1922. Numerosos médicos colaboraron, junto a las hermanas terciarias capuchinas, en ese centro sanitario, que recibió la inspección del delegado regio. Aplazadas las operaciones de guerra, el hospital de la Cruz Roja de San Sebastián, bajo la tutela de la reina madre, se circunscribió al chalet originario, en cuyos jardines se levantaron dos pabellones Dockers.

Allí continuaron trabajando un grupo de médicos y más de treinta enfermeras por turnos, a los que se sumaron unas religiosas que se encargaron de las tareas domésticas y el aseo. María Cristina continuó asistiendo a las pruebas de las alumnas de la Escuela de Enfermería, entregando diplomas de suficiencia y brazales. Y cabe recordar que cuando los soldados recibían el alta médica, se les proporcionaba una muda completa y dinero en metálico, a cargo de la junta de señoras.

También, gracias a la prensa, fueron conocidos los pésames de

Victoria Eugenia a familias que habían perdido a sus hijos en los campos africanos, así como la continua recepción de material, donativos y dinero a la reina para los heridos de la campaña rifeña, como las 10.000 ampollas de tintura de yodo que donó Matilde Trucharte de Cifuentes a través del laboratorio farmacéutico Aguettant de Lyon. Por su parte, la Cruz Roja argentina envió 35.322 pesetas y el sexto envío de la comisión de españoles en Buenos Aires llegó a 80.000 pesetas; el Casino Español de Lima remitió dinero, asimismo el Comité de Damas peruanas y españolas que añadieron material sanitario, vendas y camisas; diversos comités de la Cruz Roja de poblaciones argentinas y peruanas, Sociedades Españolas de Socorros Mutuos en Uruguay, periódicos como *El Diario de la Marina* de La Habana, la egipcia parroquia latina de Alejandría y así como numerosos particulares legaron lo que pudieron reunir. A todos los donantes contestaron los reyes agradeciendo su generosidad y enviándoles un justificante de recibo. Particularmente, Alfonso XIII escribió cartas de gratitud a los presidentes de Colombia, Panamá y Cuba por su activa participación en la suscripción de la reina. Diego Saavedra notificó a los monarcas que esos gestos de agradecimiento habían motivado al Casino español en la capital azteca a recaudar 16.400 pesetas para superar la donación del Real Club España. En abril de ese año, envió a palacio también un cheque de 24.000 pesetas recaudado por la junta de damas de México, entre otros donantes, para los soldados. De esa manera, en la primavera, la suscripción nacional había alcanzado la cifra de 6.653.650 pesetas.

El 29 de marzo, el Consejo General de la Sociedad Internacional de la Cruz Roja, reunida en Ginebra, envió un respetuoso homenaje al rey y la reina de España, expresando especialmente a doña Victoria "su gratitud y admiración por la grandiosa labor de la Cruz Roja española". Pero, a pesar de estas muestras de apoyo y reconocimiento, la reina reconoció en una carta privada, ese mismo mes, que

> *Este año, la vida aquí y ahora es tristísima: la campaña de Marruecos ha ocasionado un desaliento sobre todas las cosas. Mucha gente está de luto por hijos y maridos que han muerto en la campaña. Yo he tenido un trabajo muy duro desde el verano [pasado], organizando y visitando todos los hospitales de la Cruz Roja, aquí y en Andalucía*[23].

La tristeza de la reina aumentó cuando, el 23 de abril, falleció su hermano hemofílico lord Leopoldo Battemberg. Murió soltero y sin descendencia durante una cirugía de rodilla. Ena decidió acudir a Londres, durante unos meses, a consolar a su madre y al único hermano que sobrevivía, Alejandro, marqués de Carisbrooke.

Allí pudo comprobar cómo su relación con la familia real británica era casi nula, al ser invitada ocasionalmente a tomar el te con la reina Mary o a almorzar con Jorge V, que no tenía buenos recuerdos de su estancia en Madrid durante la boda de Victoria y Alfonso. Acercándose la fecha de su aniversario de bodas, Ena envió un telegrama a su marido recordándole que era la primera vez que se encontraban separados en esa fecha lo que le provocaba tristeza.

---

[23].- Sagrera, p. 286.

Alfonso le contestó con otro que decía "Muchas gracias cariñoso telegrama. Espero que la paciencia mutua que hemos tenido en sufrirnos durante 16 años continue"[24].

Tras su vuelta a España, durante el verano de 1922 en Santander, Victoria Eugenia siguió visitando centros sanitarios, grandes o pequeños como los de Adarzo, Santurce y Pedrosa, en compañía de sus hijos, a igual que su suegra lo hacía en los radicados en San Sebastián. A final del año, los reyes saludaron a los soldados convalecientes en la clínica de cirugía ortopédica y reeducación de inútiles de guerra, la cual fue inaugurada con su presencia en el hospital militar de Carabanchel. Como el año anterior, al llegar el cumpleaños de la reina no se celebró banquete de gala, sino que se obsequió a los alabarderos con una comida a mediodía, realizándose una misa y una cena familiar.

Diversas asociaciones solicitaron que las honrara con su presidencia honoraria, como la Asociación de Señoras de Santiago del Arma de Caballería, que la soberana aceptó al saber que su finalidad era mejorar la vida material y moral del soldado en campaña. Las infantas Isabel y Luisa, en Madrid y en Sevilla, continuaron apoyando la labor de los sanitarios, con su presencia y actividad en actos en su favor, mientras la imagen de la reina madre María Cristina en la prensa se asoció a la de las abuelas de los soldados, al trasladarse a ver a su nieto Alfonso -hijo de la infanta Mercedes-, enfermo en Sevilla, y más adelante al abrazarle al ser repatriado tras la campaña africana. Paralelamente, la presencia de

---

[24].- AGP, leg. 5.602, telegrama 21 de mayo de 1922.

las mujeres de la familia real en apoyo de otro tipo de instituciones -no directamente relacionadas con la guerra del Rif- continuó, por ejemplo, con la asistencia de Victoria Eugenia a la inauguración de escuelas infantiles y maternidades. La identificación de la familia real con gestos de consuelo, por una parte, y de preocupación y justicia por otro, ayudó a reparar el daño que hubiera podido sufrir su imagen en las luchas políticas.

Los viajes de la familia real en 1921 y 1922 revalidaron la capacidad de la Monarquía para encarnar a la Nación española. La bandera bicolor continuaba siendo expandida por las autoridades y población, cubriendo visualmente las grandes ciudades y los pequeños pueblos, llenando las calles y los actos populares. El himno nacional -la Marcha Real- continuó siendo el paisaje sonoro natural -junto al sonido de las campanas y los cañonazos de ordenanza- que acompañaba el desplazamiento, la salida y la llegada de los reyes. En este sentido, se encontraba afianzada esta homogeneidad de acciones simbólicas, llevadas a cabo en todos estos viajes.

Desde Cataluña a Salamanca, desde Sevilla a Antequera, la Monarquía asumió en sus viajes el simbolismo regional de estos territorios y los integró en un discurso nacional, con un gran énfasis en el papel de los cultos religiosos locales, como ya se ha visto en el caso de las visitas a la Virgen de las Angustias en Granada o a los lugares teresianos. Asimismo, la llegada de personajes regios a universidades, hospitales y exposiciones, su participación en la simbólica colocación de primeras piedras de edificios, su asistencia a eventos deportivos en provincias, reflejaron su interés por ligar la modernización de la nación con la Corona. La gran aceptación y la enorme efectividad de estos actos simbólicos transparentó el continuo proceso de nacionalización que, desde mediados del siglo XIX, respetaba las tradiciones, los idiomas, las costumbres locales o regionales, ligándolas a la Monarquía.

El cariño y popularidad que despertaban los reyes arraigó durante muchos años, pero ello no significó que los españoles les otorgaran carta blanca a todas sus actuaciones políticas.

Cuando, a partir de septiembre de 1923, Alfonso XIII decidió anteponer sus deberes para con España a la defensa del orden constitucional, comenzó a resquebrajarse ese arraigo. Además, frecuentemente se olvida que el monarquismo -tanto en España como en Francia- se encontraba dividido desde el siglo XIX. Un elemento de amenaza y debilidad importante frente a la deseada unidad que mantenía en otros países como Gran Bretaña. Y es que los carlistas continuaron teniendo una amplia presencia en los territorios del Norte peninsular que aumentaría en la década de los años treinta, favoreciendo la división del movimiento monárquico.

Los reyes de España en Inglaterra con la princesa Beatriz de Battenberg madre de Victoria Eugenia. *Mundo Gráfco* (14-VIII-1912).

La reina Victoria Eugenia con la infanta Beatriz en Osborne, Wight (Inglaterra). *Mindo Grñafico* 14-VIII-1912.

1921 La Reina Isabel de Baviera (reina de los belgas), Victoria Eugenia y el marqués de Viana en el viaje de los reyes de los belgas a España en su primer viaje (1 a 4 de febrero) con motivo de la elevación a embajada la legación belga. Fotografía de Luis R. Marín.

UNA ROSA PARA ENA

El 11 de diciembre de 1922, el Ministerio de Estado acusó el recibo de una comunicación de la Santa Sede, por la cual se anunciaba que el papa Pío XI había otorgado la Rosa de Oro a la reina de España, que la prensa interpretó como distinción especial y premio a sus virtudes demostradas en toda su actividad social de claro contenido cristiano. También era un reconocimiento a la fidelidad, lealtad y servicio de España a la Iglesia católica, lo que suponía también un recuerdo sobre la continuidad de esa estrecha relación. La última vez que se había otorgado a una consorte regia había sido en 1893 a María Enriqueta, esposa de Leopoldo II de Bélgica. Aparte de un posible origen anterior, la primera prueba documental de bendición y entrega de tal distinción pontificia se remontaba a los tiempos de Eugenio III, el cual la envió al rey Alfonso VII de Castilla a mediados del siglo XII. Recibieron esa distinción, además de otras personas, Juan II, los Reyes Católicos, Gonzalo Fernández de Córdoba, Ana de Austria, la infanta Isabel Clara Eugenia, Isabel de Borbón, Mariana de Austria, María Luisa de Saboya, Isabel de Farnesio, Isabel II y, ya regente, María Cristina de Habsburgo. Este símbolo también se había concedido a lugares, iglesias e imágenes piadosas a lo largo de los últimos siglos.

En marzo de 1923, el papa bendijo la Rosa de Oro, aunque hacía tiempo que la prensa española había aludido a la espléndida alhaja, cuya factura había sido encomendada a Tabanelli, orfebre de confianza del

Vaticano. Se compuso de una rama de veinte rosas y más de cien hojas, que emergía de un búcaro de plata repujada, estilo Imperio, que llevaba grabada en uno de los costados una expresiva dedicatoria en latín y en el otro el escudo pontificio, siendo su coste de 50.000 liras. El día para su entrega, en la capilla real, quedo fijado para el domingo de Pentecostés, 20 de mayo, una vez que los reyes hubieran regresado de su viaje a Valencia para asistir a la ceremonia de coronación de la imagen de la Virgen de los Desamparados.

Para el día de la entrega se organizó un acto religioso en la capilla del palacio real de Madrid. El marqués de Sachetti, correo mayor de los palacios apostólicos, fue el portador de la insignia desde Roma. Se organizó capilla pública, por lo cual asistieron más de 3.000 personas que llenaron las galerías, plazas y escaleras, las cuales pudieron ver la comitiva formada por la familia real, grandes de España, damas de la reina, el alto personal palatino, así como los miembros del gobierno. Todos se dirigieron hasta el lugar procesionalmente, llegando a la capilla donde se depositó la Rosa de Oro en el altar mayor, en la primera grada del tabernáculo y a lado de los evangelios. En representación del papa, el nuncio Tedeschini ofició la misa y, al finalizar, el oficiante se sentó de espaldas al altar y la reina Victoria Eugenia, acompañada del marqués de Bendaña, se acercó y de rodillas ante el nuncio escuchó la lectura del breve pontificio que emprendió un capellán de honor, por el cual enviaba la rosa de oro y la bendición a toda la familia real. El nuncio tomó la distinción y la puso en manos de la reina, al tiempo que pronunciaba la fórmula dispuesta por la Iglesia para esta ceremonia.

Finalizó enviando la bendición papal a todos los españoles, en nombre de Pío XI. La Rosa de Oro fue trasladada procesionalmente a una habitación depositándola en un almohadón de raso rojo, delante de un crucifijo de plata con dos candelabros con velas encendidas a los lados. El acto de entrega se celebró finalmente con un banquete para sesenta personas en el comedor de gala, al que siguió una animada reunión en el salón de fumar que se prolongó hasta bien entrada la madrugada[25].

  Todavía hoy se desconoce el paradero de las tres Rosas concedidas a las reinas Isabel II, María Cristina y Victoria Eugenia, que albergaron en su día los muros del palacio real de Madrid. Resulta posible que acabaran en el relicario del mismo edificio y, al estallar la Guerra Civil, fueran embaladas por el comandante republicano Federico Ángulo Vázquez, y tras largo periplo por tierra y mar, llegaran a tierras mexicanas, formando parte del legendario tesoro expoliado del barco *Vita* que, parece ser, fue el origen de la fortuna de algunos líderes republicanos exiliados.

Rosa de Oro, *La Esfera* (19-V-1923).

«La Rosa de Oro, preciada y antiquísima condecoración pontificia, que el Papa Pío XI ha ofrecido á S.M. la Reina Victoria en prueba de su amor á España»

[25].- AGP, 8.770/1.

AYUDANDO EN LA LUCHA CONTRA EL CÁNCER

En 1922, la corona española quiso impulsar la lucha contra el Cáncer y lo hizo creando el Instituto Príncipe de Asturias, como continuación del que dirigía antes de su fallecimiento el médico Eulogio Cervera en el Instituto Rubio. Victoria Eugenia aceptó el alto patronazgo de la Liga Española contra el Cáncer -junto su suegra- desde su fundación oficial el 8 de marzo de 1924. El acto realizado en el Instituto sanitario Príncipe de Asturias fue presidido por los reyes con asistencia de médicos españoles y franceses, delegados invitados de la Liga francesa que ofrecieron su apoyo y futura colaboración mutua para combatir esa enfermedad. El gran impulsor y alma de esta asociación fue el doctor Florestán Aguilar -dentista de la Real Casa- que expuso cómo morían anualmente 15.000 españoles de cáncer, un tercio de los enfermos existentes. La prensa informó sobre la constitución de sus estatutos inspirados claramente en sus homólogos franceses y belgas.

Entre sus inmediatos objetivos la Liga Española contra el Cáncer se planteó crear un laboratorio de investigación científica, un hospital modelo en el propio Instituto, una biblioteca y un centro específico de enseñanza para especialistas. A esta iniciativa dieron su apoyo destacado numerosos médicos de la época -como los doctores Marañón y Gómez Ulla- así como personalidades de la política y de la nobleza. El comité femenino que se encargaría de labores de propaganda y obtención de dinero para sufragar los gastos estuvo formado por diversas aristócratas como las duquesas de Aliaga, Victoria, Pastrana, Unión de Cuba; las marquesas de Urquijo, Aldana, Romana; las condesas de Romanones, Viñaza, Velayos, Yebes, etc[26].

La propaganda entre la población española fue uno de los objetivos más importantes pues se pretendió dar a conocer nociones elementales del cáncer y su terapéutica, advirtiendo de la importancia de un diagnóstico precoz pues, se insistió en los periódicos que cubrieron el acto, se trataba de una enfermedad curable, en principio. Se pensó en publicar carteles y folletos para fijar y repartir en fábricas, talleres, escuelas, centros de recreo y diversas sociedades. La Segunda Asamblea se celebró al año siguiente con el apoyo de los monarcas, que nunca faltó en sus labores de propaganda, recogida de dinero y organización de actos para lograrla. Pronto el Ministerio de la Gobernación amparó a la Liga, considerándola una asociación benéfica de interés público con carácter oficial.

El Instituto contra el Cáncer se construyó en la zona de la Moncloa aprovechando un chalet utilizado como teatro y conocido como *la Parisina*. Se nombro Director del Instituto a José Goyanes que además pudo poner en marcha un pabellón de investigación llamado Victoria Eugenia. Con el paso del tiempo, Ena fue nombrada presidenta perpetua, efectiva y suprema de la Liga, aceptando en sus estatutos de 1931 que resultaba de su personal incumbencia su dirección, con

---

[26].- *La Época* y *ABC*, 10 de marzo de 1924.

capacidad para proponer al gobierno el nombramiento de los cargos de delegado regio y presidente de la Junta de Damas, y miembros del comité ejecutivo, así como sancionar todos los demás cargos. La reina tenía la capacidad de nombrar también a todas las mujeres que componían la Junta de Damas, pudiendo -presencialmente o por delegación- presidir todas las Juntas que celebraba la Liga, así como convocar la asamblea general. El número de mujeres que formó la Junta de Damas nunca pudo ser más de treinta, todas ellas nombradas por la reina.

Los nuevos estatutos ampliaron y redefinieron los objetivos iniciales, que se mantuvieron, como la creación de centros nosocomiales para el tratamiento de los enfermos de cáncer y demás tumores; la coordinación y dirección de todos los centros de la Liga que se fueron creando por toda España, así como la organización de Congresos oncológicos, ostentando la representación nacional en aquellos que se celebraban en el extranjero[27]. La guerra civil, como tantas cosas, destrozó el Instituto contra el Cáncer y la misma Liga.

---

[27].- *Gaceta de Madrid*, 22 de febrero de 1931, pp. 1.036-1.037.

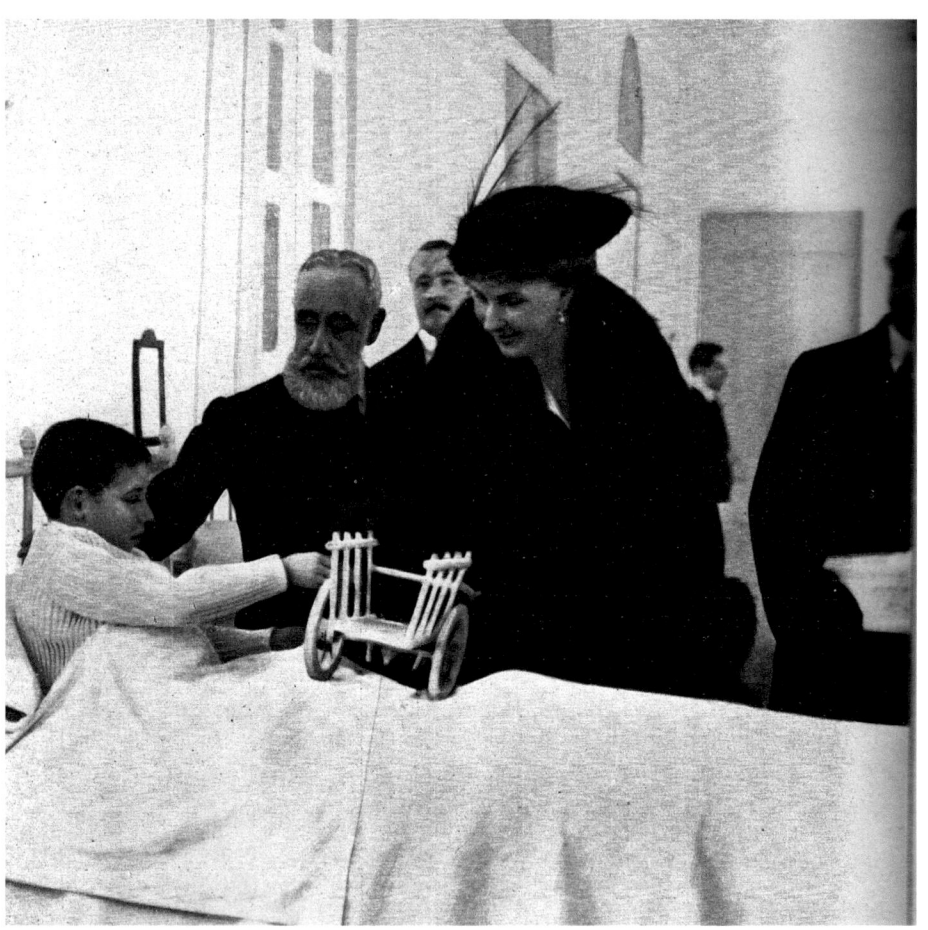

La reina visita el 24 de diciembre por la mañana el Hospital del Niño Jesús y lleva juguetes a los niños ingresados (*Mundo Gráfico* de 30-XII-1914).,

5. LA ENCRUCIJADA DE LOS AÑOS VEINTE

En la pág, anterior la reina Victoria Eugenia en un óleo de Laszlo de 1927.

En esta pág. arriba. a la izquierda, la infanta doña Beatriz, a la derecha, la infanta doña María Cristina y abajo el infante don Juan. Igualmente son óleos de Laszlo en 1927.

COMPLICACIONES POLÍTICAS

La crisis de Annual fue utilizada por la oposición antisistema -republicanos, independentistas y socialistas- como una herramienta para desprestigiar totalmente a la Corona. Al ser piedra angular del sistema constitucional, su prensa y líderes parlamentarios intentaron involucrar al rey Alfonso XIII en el proceso de responsabilidades que se abrió para delimitar los culpables de ese desastre militar en el Protectorado. Los militares junteros comenzaron a crecerse nuevamente frente a los intentos del gobierno para acabar con ellos con ayuda del monarca, el cual, finalmente, se unió a sus ministros. A partir de entonces, el Ejército español se dividió poderosamente por la política a desarrollar en Marruecos, entre abandonistas y africanistas; entre leales y críticos con los planes políticos del gobierno liberal formado en 1923; entre partidarios del rey y aquellos que empezaron a solicitar su abdicación. Los oficiales más conservadores pensaron en nombrar regente al infante don Carlos -cuñado del monarca-, los más liberales a la reina Victoria Eugenia. Alfonso XIII pensó en proponer un plebiscito sobre su continuidad o abdicacion en su hijo en mayo de 1923, cuando el príncipe de Asturias cumplía la mayoría de edad para acceder al trono, según la constitución. Pero llegó la primavera y la realidad dramática de la enfermedad del heredero se impuso con todo rigor a los deseos del monarca, que continuó en el trono.

La situación política se complicó extraordinariamente y no hubo error que no cometiera el gobierno de Concentración Liberal de Manuel García Prieto por su indecisión a la hora de acometer reformas profundas, su criticada política militar en el Protectorado marroquí y su desunión interna. A ello se unió el crecimiento del terrorismo anarquista y del separatismo catalán lo que fue aprovechado por un grupo de militares para organizar un golpe de Estado que triunfó entre el 13 y el 15 de septiembre de 1923. Era la consecuencia de un ruido de sables que se escuchaba hacia tiempo. Los políticos Antonio Maura, José Sánchez Guerra y Santiago Alba aconsejaron al rey que "gobernaran los que no dejan gobernar", seguros de que los militares fracasarían en su labor de hacer frente a los grandes problemas del país. El rey, que se encontraba en San Sebastián con su familia, decidió volver a Madrid, entre las lágrimas de Victoria Eugenia que le pidió que no se fuera. Recordaba la muerte de los zares de Rusia, el derrocamiento de los emperadores de Alemania y Austria-Hungría y, el año anterior, el golpe militar que había destronado al rey de Grecia Constantino I. Temía por la vida de su esposo, pero Alfonso XIII decidió ir a la capital. Durante esos días pudo comprobar la falta de apoyos militares al gobierno y la indiferencia social sobre su suerte, pero intentó realizar consultas para buscar una solución constitucional que fuera aceptada por los sublevados. Fue inútil, los jefes de la conspiración no admitieron esa oferta y apoyaron al capitán general de Cataluña, Miguel Primo de Rivera, como nuevo líder de la nación. Finalmente, el rey aceptó y la constitución, si bien no se abolió, se suspendió. No hubo en todo el país ninguna gran reacción en contra del golpe sino, al contrario, manifestaciones de apoyo.

Comenzó de esa manera el periodo que se conoce como la dictadura primorriverista (septiembre de 1923-enero de 1930). Si bien se guardaron las formas protocolarias e institucionales, ni a María Cristina de Habsburgo ni a Victoria Eugenia les gustó el régimen de excepción que -teóricamente breve- comenzó a extenderse más de lo debido. Además, el monarca tuvo mucho menos poder que con el texto constitucional vigente, pues sólo tendría, durante esos años, la posición que quisiera otorgarle el dictador y sus apoyos. El problema de la pacificación del Protectorado marroquí tardó más años de lo inicialmente prometido al principio, aunque se logró finalizarlo con una total victoria española en 1927. El terrorismo anarquista fue controlado y, aparentemente, derrotado, creciendo la economía y las inversiones en obras públicas, reformándose la Hacienda y ampliando las relaciones internacionales. Sin embargo, varios políticos constitucionales comenzaron a liderar movimientos de oposición al dictador. Palacio intentó no romper con ellos y, precisamente, Victoria Eugenia tuvo un papel en ese sentido, intentando mantener el hilo de comunicación con ellos a través de las reuniones sociales donde coincidían. Algún día el dictador dimitiría y se volvería a retomar un régimen constitucional pero Primo de Rivera intentó buscar otro tipo de institucionalización política lo que hizo que la oposición liberal intentara un pronunciamiento militar que fracasó.

En 1927, el antiguo presidente del Partido Conservador, José Sánchez Guerra, adversario de Primo de Rivera, se entrevistó con la reina Victoria Eugenia, en audiencia privada, manifestándole que la dictadura tenía los días contados pero la Monarquía podría salvarse si el rey abdicaba en uno de sus hijos. Debido a las características de los dos primeros lo conveniente sería en el infante don Juan aunque, al ser menor de edad, sería necesario que su madre aceptara ser regente. La reina se negó a tal proposición, declarándose fiel a su marido, aceptando el destierro si fuera necesario. Alfonso XIII, al conocer el hecho, agradeció a su mujer la contestación, a lo que la reina replicó: "¿Y por quién me habías tomado?". Finalmente, los apoyos sociales del general Primo de Rivera le fueron abandonando y cuando fue consciente que había perdido el más fundamental, el del Ejército, presentó su dimisión al rey.

Durante la presidencia del general, alegrías y problemas continuaron sucediéndose en la vida de Victoria Eugenia. Logró la reconciliación oficial con su prima Bee y su marido Alfonso de Orleáns que, a partir de 1925, comenzaron a trasladarse a vivir a España. De esa manera, empezó a pensar en unas futuras bodas entre sus hijas y los hijos de los infantes: María Cristina con Alonso y Beatriz con Álvaro, lo que no fue mal visto por el rey. Pero la tensión en la corte entre la reina y el marqués de Viana llegó al máximo punto cuando Ena creyó que estaba intentando convencer a su marido para que se divorciara de ella. No sólo había participado en el destierro de su querida prima Beatriz, sino que había proporcionado todo tipo de diversiones extraconyugales a Alfonso XIII. En una entrevista que tuvieron en palacio, le dijo "No está en mi poder castigarle como usted merece. Sólo Dios puede hacerlo. Su castigo tendrá que esperar hasta que usted esté en el otro mundo". Viana no pudo resistir las palabras de la reina y tuvieron que sacarlo casi inconsciente de la habitación. Se agravó su delicado estado de salud y murió al poco tiempo de un ataque de uremia.

El príncipe de Asturias continuó siendo un muchacho atormentado por las consecuencias de su enfermedad, en mayor medida que su hermano menor, Gonzalo. Victoria Eugenia que era tan valiente y afectuosa con los enfermos, con los heridos en la guerra africana, que presenció operaciones, sufrió y se atormentó ante la hemofilia de su primogénito, su "Alfonsito", su hijo predilecto, al verle tan enfermo en su quinta del Pardo. A veces, perdía la paciencia con su hijo Jaime, al que le costaba mantener conversaciones, para el cual tenía más su padre, el cual le animó a participar a su lado en muchos viajes oficiales por España.

Sin embargo, el doctor Feissiling, uno de los primeros especialistas europeos en hemofilia, realizó un estudio sobre la sangre de los dos hijos afectados del matrimonio regio en 1927. El contenido de fibrinógeno y de calcio en sus sangres era normal pero la hemofilia se detectaba claramente al practicarse la prueba de extracto de órganos. No eran, en consecuencia, casos graves de hemofilia, aunque el príncipe Alfonso tardaba más horas en coagular que su hermano Gonzalo. Uno y otro caso correspondía a una hemofilia atenuada, por lo que se le recomendó una serie de tratamientos específicos. Tal vez este informe otorgara a sus padres más esperanzas, por lo que animaron a su hijo a realizar un viaje por Europa, tres años después, acompañado de un pequeño séquito donde no podía faltar su médico.

El 6 de febrero de 1929 falleció la reina madre María Cristina, lo que hundió en un estado depresivo al rey durante los siguientes años, del que intentó salir por varios medios. A partir de entonces, no era raro que don Alfonso condujera su coche hacia el monasterio de El Escorial y rezara por su madre en el panteón cuando así lo necesitaba. Su gran apoyo, su madre, a la que consideraba que le debía todo, ya no se encontraba entre los vivos. Por primera vez, Victoria Eugenia quedaba como única reina del palacio y podía intentar variar algunos aspectos de la vida cortesana y familiar. Pero los sufrimientos seguía muy presentes, por lo que la reina intentó seguir participando de las opciones que tenía para evadirse, aunque fuera temporalmente. Entre ellas destacaron sus viajes, tanto dentro de España como en Europa, tanto por motivos privados a Londres, París y la costa atlántica francesa como oficiales. En ese sentido siempre recordó su estancia en la Viena del Imperio Austrohúngaro, sus viajes oficiales a Gran Bretaña, Francia o Alemania, a los que siguieron -en la década de los años veinte- los de Bélgica e Italia, así como su recorrido por el Protectorado marroquí ya pacificado.

ASOCIACIONISMO FEMENINO

Como se ha comentado anteriormente, en la biblioteca de la reina se encontraban folletos y libros enviados por asociaciones de mujeres que solicitaron la presidencia honorífica de los monarcas. Numerosas de ellas tuvieron un carácter religioso o estuvieron vinculadas con la Iglesia católica. Su labor se centró tanto en lo social -fundamentalmente en su enfoque educativo y benéfico- como en la (re)evangelización de la sociedad. El triunfo del Estado liberal había conllevado un aumento de la secularización desde el siglo XIX, por lo que se produjo una movilización católica femenina para evitar una mayor pérdida de la presencia cotidiana de la religión, que solicitó el apoyo de la Corona.

Victoria Eugenia fue testigo de la lenta transición que se produjo entre la militancia decimonónica -propia de mujeres de clase alta, maduras o viudas, con hijos mayores- y la que los años veinte impulsaron, promoviendo a mujeres jóvenes, solteras de clase media y con estudios universitarios. Aunque la presencia de folletos, documentos y libros sobre estas asociaciones no fue muy abundante en la biblioteca de la reina, resulta suficiente para testimoniar no tanto la simpatía de Ena hacia determinados grupos como su presencia creciente en la sociedad española.

La Federación nacional de Obras católico-femeninas de la Unión de damas españolas del Sagrado Corazón. Era una federación nacional católico-femenina fundada en la capital en 1907 con motivo del Jubileo sacerdotal y en obsequio del papa Pio X. Estuvo relacionada con la Unión Internacional de Ligas católico-femeninas confederada en Bruselas en 1910, considerándose la primera en España en ocuparse de la acción católico-femenina, aunque sólo enviaron a la reina un folleto con su ideario.

Francesca Bonnemaison Farriols creó el barcelonés Institut de Cultura i Biblioteca Popular pera la Dona. Miembro de la alta burguesía, consiguió transformar en 1909 la Obra de Buenas Lecturas, una biblioteca de carácter caritativo que dirigía en la parroquia de Santa Ana, en la Biblioteca Cultural de la Dona que, al año siguiente, se transformó en el Institut de Cultura i Biblioteca Popular pera la Dona con el apoyo de la Junta Diocesana, considerada la primera biblioteca de mujeres en la Europa de su tiempo. Pero, además, fue un centro de formación con bolsa de trabajo para mujeres de todos los grupos sociales. Sus objetivos pretendieron elevar moral e intelectualmente a la mujer por medio del trabajo, apoyándose en una sólida formación católica. Sus dirigentes enviaron a la reina gran parte de la documentación que generó el Institut, su memoria, sus estatutos, reglamentos, ciclos de conferencias y audiciones, tarjetas postales que reproducen distintas salas del instituto-biblioteca, etc.

El Instituto de Damas Catequistas. Fundado en Madrid en 1880 por Dolores Rodríguez Sopeña, alma del Apostolado de Señoras para el mejoramiento moral y material de la clase obrera. Si bien el director general de todos los centros era el cardenal Merry del Val, la presidencia honoraria de todos los centros en España se ofreció a Victoria Eugenia -que aceptó-, aunque fue la reina María Cristina quien presidió los centros de Madrid. En ellos se enseñó corte y confección, encaje y labores diversas a mujeres y hombres, pero también se fomentó la vida cristiana. De ahí que en sus memorias -que enviaron a Ena- señalaran el número de matrimonios, bautizos y comuniones impulsadas por estas mujeres entre obreros y asalariados. Su capacidad de movilización se demostró en enero de 1925 cuando enviaron un álbum de firmas de adhesión a la reina por obreros.

Otra agrupación femenina fue la Asociación Roma, siendo una de sus fundadoras, la escritora Dolores Gortázar Serantes, cuyas obras literarias que se conservan en la Real Biblioteca. Entre otras instituciones, regentaron las Escuelas Cuatro Caminos para acoger a niñas de trabajadoras manuales. Victoria Eugenia fue presidenta honoraria del Bazar del Obrero de Barcelona -creado en 1915 para administrar la Pía Unión y Ropero de Santa Isabel para enfermos pobres- y de la barcelonesa Asociación del Santo Ángel de la Guarda para niños pobres y enfermos, que organizó colonias infantiles y participó activamente en las iniciativas para la consagración de España al Sagrado Corazón que tuvo lugar en el Cerro de los Ángeles el 30 mayo de 1919, bajo la presidencia de los reyes. También fue presidenta honoraria de la catalana Junta Patriótica de Damas para la formación femenina, un ideal que había cristalizado en una escuela obrera nocturna para mujeres, donde se impartieron clases de corte, música, literatura, alfabetización. Los reyes asistieron a algunos de sus actos para obtener dinero para sus centros, como la casa-pensión para viudas y huérfanas de militares en 1925. Otras presidencias de honor que aceptó Victoria Eugenia fueron las ofrecidas por la Asociación de Beneficencia de Nuestra Señora de los Desamparados de Valencia, la Real Sociedad de Señoras para el culto de la Santísima Virgen de la Victoria de Málaga o la Real Asociación Proveedora del Escapulario del Carmen a Hospitales y Enfermos, entre otras.

Una de las iniciativas modernas más importantes fue Acción Católica de la Mujer, impulsada por el cardenal Guisasola en 1919 como parte del proyecto general de la jerarquía eclesiástica para movilizar a sus bases católicas. La reina recibió no sólo sus estatutos sino su revista, así como el discurso de clausura del Congreso de 1926, cuando contaba con 80.000 mujeres agrupadas en 373 juntas locales. No sólo formaron y evangelizaron, sino que apoyaron las legítimas aspiraciones laborales de las trabajadoras, solicitaron el voto femenino y medidas legislativas como seguro de maternidad obligatorio para las trabajadoras casadas y potestativo para las no asalariadas.

Durante todo su reinado, Victoria Eugenia también destinó una parte de sus gastos a sufragar directamente a personas necesitadas, a asociaciones y congregaciones que le solicitaron ayudas para sus actividades sociales como comidas, reparto de prendas, juguetes, medicinas, enseres, etc. Donativos y premios concedidos por los reyes en ayuda de los hospitales de la Cruz Roja, la Asociación Matritense de Caridad, la Casa de Beneficencia de Barcelona, la Asociación contra la trata de blancas, Asilo de Lavanderas, Comedores Reina Victoria… siendo la lista interminable. Agrupaciones regidas pública o privadamente, tanto por laicos como por religiosas, aumentando su imagen como reina caritativa y generosa, de tal manera que, poco a poco, algunos ayuntamientos se atrevieron a proponer su nombramiento como hija adoptiva y rindiéndola merecidos homenajes.

La reina con mujeres asociadas para socorrer la pobreza en Peñacastillo (Santander). *Mundo Gráfico* (11-09-1912).

Ena en los años treinta.

CRISIS DE LA MONARQUÍA

El general Miguel Primo de Rivera y sus ministros fracasaron en su intento de institucionalización y transición hacia un nuevo régimen político, lo que provocó la caída de la dictadura. Sus apoyos iniciales le abandonaron poco a poco y a esta situación se unió, a partir de 1929, cierto agravamiento de la situación económica, que había conocido unos años de bonanza. Se llegó a barajar la posibilidad de un turno en el poder entre la Unión Patriótica -el partido que intentó fomentar Primo de Rivera- y el PSOE, fomentando un régimen organicista con instituciones como la Asamblea Nacional, pero fue un absoluto fracaso. Ante las dificultades de la Hacienda para hacer frente a la crítica situación de la Deuda Pública, el crecimiento de las protestas universitarias por la dictadura, el desarrollo de su diabetes y la posibilidad de un pronunciamiento militar, el dictador presentó su dimisión al rey el 28 de enero de 1930. Alfonso XIII encargó al general Dámaso Berenguer la formación de un nuevo gobierno cuyo objetivo consistió en realizar, con las máximas garantías posibles, la vuelta a la normalidad constitucional. Pero los líderes históricos del conservadurismo y el liberalismo comenzaron a abandonar a la Monarquía, mostrándose contrarios a la conducta y persona del rey por su convivencia con el régimen dictatorial.

De nuevo, se impuso la realidad familiar pues don Alfonso no podía abdicar en su enfermo primogénito ni en su segundo hijo. Su tercer hijo, el infante don Juan era muy joven y no tenía experiencia política. Se concedió una amplia amnistía, se relajó la censura y comenzaron los partidos políticos a prepararse para las futuras elecciones. Los republicanos comenzaron a recaudar fondos para intentar un golpe de Estado para derribar la Monarquía, lo que fue un fracaso absoluto, tal y como se demostró con la sublevación de Jaca en diciembre. El hecho pareció favorecer a los monárquicos, pero la mayor parte de los partidos se negó a participar en elecciones a menos que fueran para elegir unas Cortes Constituyentes por lo que el gobierno decidió organizar primero elecciones municipales para abril de 1931 y para Cortes, unos meses después.

Al comenzar el nuevo año, llegaron a palacio numerosos telegramas de felicitación que continuaron durante los siguientes meses. El gobernador civil de Murcia organizó la apertura en los ayuntamientos de libros de firmas para que la población mostrara su adhesión a la Corona, logrando 25.928 firmas, lo que los reyes agradecieron inmediatamente. En el archivo de Palacio se conservan los telegramas de adhesión enviados a la reina por su santo y a la familia real en Año Nuevo por militares, obispos, artistas como el pianista Pablo Casals; políticos como el liberal Manuel González Hontoria; del presidente y secretario del círculos, peñas y partidos liberales, conservadores, romanonistas, ciervistas, sindicatos católicos masculinos y femeninos, asociaciones como Acción Católica, directores de periódicos como

Heraldo de Almería o *La Palanca* de Guadalajara; de juventudes monárquicas como la de Barcelona, de personas particulares, etc. a los que el rey respondió en otros telegramas con "mil gracias".

En sus memorias, el general Emilio Mola -nombrado director general de Seguridad- escribió que, en una audiencia, la reina transparentaba en su rostro el dolor y el pesimismo que la envolvía. Le confesó al militar que estaba extraordinariamente preocupada por la enorme propaganda que se hacia en el cine de la revolución rusa. El gobierno del general Berenguer hizo crisis en febrero, pero el rey logró recomponer uno nuevo al frente del cual se situó el almirante Aznar aunque, realmente, fue el conde de Romanones el hombre fuerte del mismo. La reina, en esos momentos, se encontraba en Londres con sus hijas, visitando a su madre, a la que dijo "Alfonso está en peligro. Mi lugar está a su lado". Cuando volvió a Madrid, envió un telegrama a la princesa Beatriz asegurándola que toda la familia se encontraba bien y contenta con el nuevo gobierno. En marzo, Victoria Eugenia estuvo centrada en levantar el ánimo de su marido y en cuidar a su hija María Cristina sometida a una operación de apendicitis.

Los resultados de las elecciones municipales del 12 de febrero resultan conocidos: mayoría aplastante para los concejales monárquicos a nivel nacional, pero mayoría republicana-socialista en la mayor parte de las capitales de provincias. El pesimismo inundó a los líderes y partidos leales a la Corona, de ahí se paso a la pasividad frente al iniciativa que tuvieron los republicanos que solicitaron el poder y decidieron tomar las calles. El conde de Romanones inundó de derrotismo al gobierno y al depresivo rey que aceptó marcharse de España la noche del 14 de abril. Resulta curioso comprobar cómo esos días llegaron a palacio telegramas alegres comunicando el triunfo de las candidaturas monárquicas en algunos pueblos y ciudades como Molina de Segura, Bolaños, Torredonjimeno, Sanlúcar de Barrameda, etc.

Alfonso XIII cenó a solas con Victoria Eugenia, lo cual no había hecho prácticamente nunca. Le expresó que él saldría esa misma noche con un sequito pequeño hacia Cartagena, donde se embarcaría en un crucero que le desembarcaría en Marsella. Ella y sus hijos saldrían al día siguiente temprano para lo cual no debían tener miedo pues el gobierno provisional le había prometido cuidar la seguridad de la familia real. El inspector general de Reales Palacios telegrafió a Echeandía y Compañía para comunicarles que, al día siguiente, saldría la reina y su séquito en ferrocarril hacía Paris, al tiempo que rogaba al marques de Bendaña - mayordomo mayor y caballerizo de la soberana- que facilitara todo lo necesario[28].

Victoria Eugenia debió vivir un torbellino de sentimientos y emociones, pues no hacia sino unas semanas que, tras su vuelta de un viaje privado a Londres para cuidar de su madre, había sido recibida con grandes aclamaciones en San Sebastián, Burgos y Valladolid. Pero en la estación de tren de la capital se llegó al paroxismo al ser recibida con una gran manifestación de fervor monárquico. Como describió el general

---

[28].- AGP, 5.630.

Mola -testigo del hecho- al descender la reina del vagón de tren el público se abalanzó sobre ella, siendo impotentes las fuerzas de policía para contenerle. Los aplausos y vítores se intensificaron de forma indescriptible. Victoria Eugenia, profundamente emocionada, rompió a llorar, así como sus hijas. El cinturón de seguridad no pudo contener el entusiasmo popular y el general Mola se cayó al suelo. En la explanada de la estación el griterío era ensordecedor y los automóviles de la Casa Real avanzaron lentamente ante la masa que aclamaba a la reina. Al llegar a palacio, los reyes se vieron precisados a salir a una de las ventanas a saludar al gentío varias veces.

Pero la última noche en palacio no fue plácida porque la mayor parte de la servidumbre les abandonó, la guardia exterior fue retirada por orden de los republicanos que la sustituyeron por un retén de jóvenes para evitar el asalto de extremistas que comenzaron a manifestarse gritando, insultando y amenazando verbalmente a la familia real. Sólo los 25 alabarderos permanecieron en las escaleras y balcones de los cuartos donde se refugiaron la reina, sus hijos y la escasa servidumbre, damas y amigos fieles hasta el final. Se escucharon pedradas, la subida de algunos hombres para colgar banderas republicanas y golpes en la puerta principal de palacio. Muchos de los allí reunidos tuvieron en mente la captura y muerte de la familia imperial rusa.

Victoria Eugenia al ver entre sus últimos fieles a la marquesa de Santa Cruz, nuera de su camarera mayor, le confía sus cinco perros, al saber que era amante de los animales. También quiso despedirse del servicio que había quedado antes de marcharse en un acto íntimo, encomendando el cuidado de su Cruz Roja a la marquesa de Valdeiglesias. Al llegar el nuevo día, la reina fue informada de la necesidad de cambiar el itinerario del viaje, ya que las calles de Madrid estaban en plena revolución y resultaba más conveniente trasladarse en coche hasta El Escorial y, allí, tomar el tren hacia Francia. Y así se trasladó la familia real, con el príncipe de Asturias muy enfermo, llevado en brazos por uno de los mecánicos; los infantes con sus profesores, Victoria Eugenia con sus hijas y su prima Bee con sus hijos. En Galapagar hicieron un alto, donde la reina se despidió de los últimos fieles antes de partir en un tren ¡con las armas reales! En El Escorial la despidieron el almirante Aznar, los condes de Romanones y el embajador británico, sir George Graham, quien acercándose a la soberana le preguntó si podía hacer algo, a lo cual Ena respondió que ya era tarde para eso. El viaje sufrió varias paradas y retrasos, de tal manera que estallaron los aplausos cuando atravesaron Valladolid, Vitoria y San Sebastián. Eran los monárquicos de a pie que no comprendían cómo habían cedido sus dirigentes a la marcha de la familia real.

Finalmente, la reina y sus hijos lograron llegar a París donde se les tributó una cariñosa acogida por parte de aquellos franceses que no se olvidaron de la generosa Oficina Pro Cautivos de Alfonso XIII durante la Primera Guerra Mundial. Numerosas personalidades españolas y francesas acudieron a saludarles al Hotel Meurice, entre lágrimas y muestras de entereza. Allí habló con su marido por teléfono, acordando que pasarían unos días en la capital francesa, donde el rey iría a verlos, aunque tenía pensado trasladarse a Londres. Cuando el rey llegó en tren a la estación de París le esperaba una impresionante manifestación de afecto que se desbordó en la rue de Rivoli, delante del hotel donde la familia real se alojaba. Al salir al balcón el monarca, agradeciendo los gestos, los aplausos se convirtieron en truenos, pero -como escribió el periódico *Le Figaro*- cuando salió la reina emergió "una ovación sin fin".

Con el paso del tiempo, Alfonso XIII instaló en el hotel una especie de despacho o secretaría para sus asesores y donde pudiera recibir a todos aquellos que comenzaron a solicitar audiencia o una entrevista. Pero el gasto costoso de las habitaciones no pudo sostenerse mucho tiempo, por lo que se decidió el traslado de la familia real al Hotel Savoy en Fontainebleau. Sin embargo, pronto sus miembros comenzarían a disgregarse por diversas causas, en primer lugar, el príncipe de Asturias fue internado en una clínica de Neully, para luego ser trasladado al sanatorio Loysin, cercano a la localidad suiza de Lausanne. El infante don Juan decidió continuar sus estudios en la escuela naval británica de Darthmouth mientras su hermano Gonzalo empezaba la carrera de ingeniería en Lovaina, por lo que sólo su segundo hijo y sus hermanas se mantuvieron junto a sus padres. Don Jaime se aclimató pronto, dando largos paseos por los bosques y haciendo notables progresos en una escuela especial para sordomudos a la que asistió regularmente en la capital.

Fontainebleau se encontraba a 60 kilómetros de París, pero había un espléndido campo de golf donde la reina y sus hijas podían practicar ese deporte. Se rodearon de un pequeño círculo de amistades como los duques de Lécera, el duque de Miranda -que ejercía como mayordomo mayor-, el fiel secretario Emilio María de Torres, la duquesa de San Carlos -eterna camarera mayor-, la amistosa duquesa de la Victoria, la condesa del Puerto -aya de las infantas- y Conchita Heredia, *la dama chica*, llamada así porque no era Grande de España. La mayoría de ellos pagaron su mantenimiento y no recibieron sueldo.

Se impuso una política de control del gasto, porque el rey tenía una fortuna, pero no era grande, puesto que la mayor parte de sus inversiones se encontraban en España, donde la República las había expropiado, así como todo el patrimonio de la Corona. Optó por un automóvil más barato, mientras la reina solía utilizar un ford de los duques de Lécera. Al alzarse el Hotel Savoy junto al gran bosque de Fontainebleu, se agudizó el asma de heno de la reina, que le obligaba a sonarse con frecuencia. Pero, mostrando el sentido disciplinado y práctico de toda su vida, ella y sus hijas aceptaron la vida apacible y aburrida del lugar, jugando al tenis, montando a caballo, realizando labores de costura, recibiendo a quienes deseaban verlos. Las infantas, acompañadas siempre de su aya o de la duquesa de la Victoria, tomaban el tren para acercarse a Paris, donde podían hacer compras, ir al cine y pasear mucho más libremente que en España. Pero sus proyectadas bodas con los hijos de los infantes de Orleáns no se produjeron finalmente, ante las nuevas circunstancias políticas y económicas que vivieron. El rey intentó retrasar sus bodas porque no podía dotarlas pues, en esos meses, no podía darles ni un céntimo. Ello, unido a ciertos desacuerdos y, en el fondo, a falta de enamoramiento, terminó por enfriar los proyectos matrimoniales.

Narra en sus memorias el diputado y futuro ministro Pedro Sáinz Rodríguez que, cuando llegó al Savoy, se entrevistó con la reina que se encontraba muy preocupada por la salud mental de su marido, confesándole:

> *Yo sé que a él no le importe el haber abandonado el trono. Lo único que le preocupa y siente con toda su alma es eso de que los españoles hayan dejado de quererle, porque el problema moral de Alfonso no es el de un rey destronado, sino el de un hombre que adoraba ciegamente a una mujer que le ha abandonado, sin darle explicación alguna. Esta es la situación de ánimo de Alfonso*[29].

Y es que en Alfonso XIII pronto obraría el veneno del exilio, buscando consuelo en las habitaciones del Meurice en París y realizando viajes por el mundo, ahora que no había ninguna obligación política ni institucional que se lo impidiese. Ese año se desplazó en verano a los países nórdicos y, en septiembre, a Hungría. Políticamente, intentó no realizar ninguna declaración o acción que fuera considerada por el gobierno francés como una causa para su expulsión del país que le había acogido como a un exiliado político. En las primeras semanas desde su salida de España declaró su intención de no dar problemas al gobierno

---

[29].- Platón, p. 267.

republicano, aunque no puso obstáculo a que los monárquicos trabajaran por la Restauración. Sus actividades públicas se redujeron, pero la embajada republicana en París protestó ante el gobierno francés por las invitaciones que recibió el monarca y su familia de los directores de las Academias de Artillería y Caballería para asistir a ciertas celebraciones castrenses. Pese a las excusas oficiales y la promesa de que no se repetirían estos hechos, lo cierto es que, durante toda su estancia en Francia, la familia real española continuó asistiendo a actos militares, académicos y religiosos si eran invitados. Eso sí, los republicanos consiguieron que nunca veraneara Alfonso XIII cerca de la frontera francoespañola, por temor a alentar la Restauración.

La reina también manifestó otras preocupaciones a Sáinz Rodríguez, como su sentimiento de no haber sido querida ni tan popular, como se decía, entre los españoles. Comparando a los últimos reyes británicos con la labor que habían hecho Alfonso y ella, no comprendía qué debían hacer para ser amados por los españoles. Lo cierto es que no entendía los resultados de las elecciones municipales de 1931 aunque tenía la conciencia tranquila

> *de haber permanecido siempre ajena a las divisiones políticas, de haber tratado a todo el mundo con la misma cortesía y de haber dedicado todos los esfuerzos que he podido a la organización de la beneficencia y la caridad en España[30].*

---

[30].- Sáinz Rodríguez, p. 11.

No resultaba cierto ese pesimismo, pues las manifestaciones de adhesión y entusiasmo por los monarcas se sucedieron durante mucho tiempo. Sin embargo, la identificación de la dictadura con la Monarquía hizo mucho daño a la institución y los monárquicos no supieron administrar bien la transición de 1930-1931 hacia un régimen constitucional. Y siempre la reina se ganó el respeto de toda la clase política, de tal manera que el gobierno republicano aceptó enviarle las joyas de su propiedad que había dejado en palacio al irse.

Al marcharse, Alfonso XIII y Victoria Eugenia dejaron una España muy diferente a la de comienzos de su reinado en todos los ámbitos.

Se había consolidado la Edad de Plata de la cultura española, con sus generaciones famosas de escritores, literatos, pintores, médicos y artistas de 1898, 1914 y 1927.

La tendencia de la esperanza de vida al nacer había pasado del 35 en 1900 al 49.3 en 1930, buena muestra de las mejoras que se realizaron en medicina e higiene bajo su reinado. Respecto a la enseñanza, cabe recordar que la tasa de alfabetización de hombres pasó del 44 % en 1900 al 69 % en 1930. La de mujeres, en esa misma horquilla cronológica, evolucionó del 32 % al 63%. Si se toma como base 100 en 1901 el Producto Interior Bruto a precios de mercado de España se incrementó un 79,4%; la renta familiar neta disponible por habitante aumentó un 51,4% como consecuencia de un crecimiento demográfico calculado en un 27%. Asimismo, hubo un aumento de los precios implícitos en el PIB del 60,1% y una revalorización de la peseta respecto a la libra esterlina de un 37%.

Hacia 1931, la población ocupada había crecido un 12,6%; el porcentaje de trabajadores agrícolas bajó desde el 66,3% de 1901 al 43,82% de 1931, dato propio de una modernización económica que se ratificó con el progreso de los índices de industrialización y el aumento del movimiento obrero.

El sector secundario que, a comienzos de siglo, no rebasaba el 15,82% alcanzaba un 25,51% treinta años después, al igual que el sector terciario que transitaba de un 18,8% a un 27,98%. Y, tras el desastre naval de 1898, la Marina de Guerra española había construido 70 barcos que desplazaban más de 120.000 toneladas, por lo que constituía la sexta flota del mundo.

La nación participaba en la Sociedad de Naciones -nacida tras la Primera Guerra Mundial- y su proyección exterior había aumentado gracias al protagonismo de la Oficina Pro Cautivos de Alfonso XIII. En la América hispana, la Corona había obtenido una mayor presencia como institución que proyectaba la imagen de la Madre Patria, como se la llamaba entonces.

6.- CON EL PENSAMIENTO EN ESPAÑA

Victoria Eugenia volvió a España en 1968 para ser madrina de su bisnieto Felipe. El padrino fue su hijo D. Juan de Borbón.

ENTRE LA ESPERA Y LA ESPERANZA

Conforme fueron pasando los meses, Alfonso XIII declaró su fe en una futura vuelta de la Monarquía en una entrevista publicada en el periódico húngaro *Pester Lloyd*, señalando no obstante que las tentativas prematuras de Restauración no habían tenido jamás un resultado feliz ni para el país ni para los monarcas. Había abandonado su tierra por el bien de su pueblo, pues no deseaba derramamientos de sangre, y volvería igualmente para su prosperidad. Pero la Monarquía debía "traer algo a su vuelta, debe hacer apreciable su regreso pues, de lo contrario, la breve embriaguez de alegría sería seguida rápidamente por el desencanto"[31]. Sin embargo, la embajada republicana en Francia continuó espiando sus actividades, así como la de los grupos monárquicos, con ayuda de su red de consulados y de la policía francesa, temerosa de que se organizaran para acabar con la República.

La condena política de las Cortes republicanas en el otoño de 1931 acusando al monarca -sin pruebas- de graves delitos, le derrumbó moralmente, aunque, al poco tiempo, declaró a la prensa que no abdicaba. Y es que hacerlo hubiera sido considerado por Alfonso XIII como el reconocimiento de unas infracciones de las que siempre se declaró inocente. Mientras, la reina continuó viajando ocasionalmente

---

[31].- *Petit Parisien*, 11 de sept. de 1931, Archivo General de la Administración, leg. 54/6279.

a Inglaterra para ver a su familia, recibiendo invitados que acudían a Fontainebleau, como el príncipe de Gales, y manteniéndose al margen de las actividades políticas de los grupos monárquicos. Pero, como comentaría muchos años después, en el exilio se encontró a sí misma, tras veinticinco años de reinado, durante los cuales se había creado una segunda personalidad que sonreía y, en ocasiones, se presentaba impasible.

Mientras tanto, las fuerzas monárquicas comenzaron a reorganizarse, pese a las dificultades que siempre trataron de imponerles los republicanos. La familia Luca de Tena -propietaria del diario *ABC*- intentó potenciar un Círculo Monárquico Independiente. El 10 de mayo de 1931, al inaugurarse, grupos de republicanos consideraron una provocación su existencia, evidenciando su restringido concepto de la democracia. No había terminado el acto, celebrado en un piso de la calle de Alcalá, cuando se difundieron las consignas más exaltadas para justificar su interrupción. Intervino la fuerza pública para impedir el asalto del local, pero quienes resultaron detenidos fueron la mayoría de los monárquicos reunidos. Poco después, se incendiaron varios automóviles y un quiosco de prensa, mientras los republicanos se dirigían a la sede del *ABC*, donde intervinieron guardias civiles. Sonó un tiro de pistola, y un niño subido a un árbol, cayó herido levemente, pero no hizo falta más para que los manifestantes se abalanzaran sobre los guardias que se vieron obligados a disparar, causando dos muertos y varios heridos entre los asaltantes. Al día siguiente, comenzó una quema de conventos e iglesias por toda la geografía española, pues, no podía existir "revolución" republicana sin fuego, sin ese elemento de "purificación política" y construcción de un nuevo régimen. Los sucesos dinamitaron el proyecto de los Luca de Tena, por lo que muchos monárquicos terminaron integrándose en la agrupación política *Acción Nacional* sin exigir una manifestación de monarquismo. Ante el clima de intimidación política desarrollado en las elecciones, muchas candidaturas y partidos de derechas no presentaron candidatos, por lo que el triunfo de los republicanos de izquierda y socialistas fue rotundo. A partir de entonces, las Cortes comenzaron a elaborar la constitución de 1931, que no fue sometida a referéndum popular ante el temor a un rechazo por sus artículos anticlericales y socializantes.

A finales de ese año se fundó una revista de pensamiento titulada *Acción Española*. Su surgimiento tuvo el objetivo de rearmar intelectualmente a los monárquicos, siendo su líder el conocido intelectual Ramiro de Maeztu, para quien la victoria republicana resultaba explicable por la falta de autonomía cultural e ideológica de las derechas. En consecuencia, resultaba necesaria una actualización del pensamiento tradicionalista español que adquiriera dimensiones operativas en un momento en que las democracias europeas estaban en crisis. En febrero de 1933 se creó Renovación Española, partido que reafirmó como pilares ideológicos fundamentales la Monarquía tradicional, el catolicismo y el corporativismo. Frente a ellos, los monárquicos constitucionales se organizaron en torno a periódicos como las editoriales del *ABC* y *El Diario Universal* del conde de Romanones.

Ese mismo año, el príncipe de Asturias se enamoró de una cubana, Edelmira Sampedro, en Lausanne, y decidió casarse con ella. Su padre, que había defendido su primogenitura siempre, se sintió decepcionado y terminó aceptando los hechos, pero exigió a su hijo la renuncia de sus derechos de sucesión a la Corona. Diez días después de realizar ese acto, la pareja se casó en la parroquia de Ouchy, en Lausanne, el 21 de junio de ese año, acudiendo la reina y sus hijas, mientras el resto de la familia excusó su asistencia. A continuación, Alfonso XIII planteó a su hijo don Jaime la necesidad de que renunciara a sus derechos como siguiente heredero, debido a su condición de minusválido físico, lo cual hizo. Cabe recordar que el infante no podía escuchar ni responder ninguna llamada telefónica debido a su sordera. Eso supuso que el nuevo príncipe de Asturias era el infante don Juan, el cual tuvo que abandonar su vocación marinera en la Armada británica para trasladarse al lado de su padre. A partir de entonces, comenzó a ser presentado a los principales líderes políticos partidarios de la Restauración y a estudiar derecho y ciencias políticas en la Universidad de Florencia, al tiempo que se debía preparar para casarse en un futuro cercano y asegurar la continuidad dinástica.

Durante todo ese tiempo, el exilio obligó a los reyes a plantearse la separación, tras años de distanciamiento efectivo, por lo que sus abogados tuvieron que llegar a un acuerdo económico que permitiera seguir teniendo algunos ingresos a la reina, aunque fueran muy reducidos. Según se dice, un hecho vino a impulsar la separación: el intento de Alfonso XIII de separar a los duques de Lécera del entorno de su esposa, ya que se rumoreaba que ambos estaban enamorados de ella. Victoria Eugenia se ofendió porque su marido hubiera creído tal mentira, pues ella jamás le había sido infiel, y así se lo echó en cara. Pero Alfonso y Ena nunca tomaron la decisión de divorciarse, al considerar que eran reyes católicos y que tal medida hubiera ido en detrimento de la causa monárquica, en un momento en que la República se caracterizaba por un feroz anticlericalismo, hasta entonces desconocido en España. Ambos mantuvieron la apariencia de convivencia inexistente y, cuando alguien preguntaba a la reina por su marido ella contestaba que se encontraba de viaje, lo que fue cierto ya que viajó muchísimo en esos años. Se llegó al acuerdo de asignar a Victoria Eugenia una pensión anual de 6.000 libras esterlinas. En 1932, al morir el marques de Valdecilla, legó a la reina un millón de pesetas, que ayudó también a su caudal privado.

En noviembre de 1933, el centrista Partido Radical y la derechista CEDA ganaron las elecciones parlamentarias, formando gobiernos que fueron inicialmente apoyados por los diputados de Renovación Española. El líder cedista José María Gil Robles, conocedor de que la mayoría de sus votantes eran monárquicos, aceptó entrevistarse en secreto dos veces con Alfonso XIII, en el mes de junio en París. Tras explicarle su proyecto posibilista dentro de la República, el político convenció al monarca de que la Monarquía no debía volver por una traición desde dentro, puesto que lo primero era España y los ideales que defendían. Si su proyecto tenía éxito, afianzaría la República, pero si fracasaba -a pesar de la actitud neutral de don Alfonso- se habría certificado la incompatibilidad con el régimen y el fracaso nacionalizador de la República. Finalmente, el rey le garantizó la reserva de estas conversaciones y la neutralidad que mantendría, en todo momento, frente a sus actuaciones si la CEDA llegaba al poder.

En junio de 1934, los monárquicos de Renovación Española amenazaron con romper su alianza parlamentaria, por lo que Gil Robles solicitó a Alfonso XIII, por medio de uno de sus intermediarios -José María Valiente- un último plazo de seis meses de confianza, ofreciéndole mantener viva la esperanza restauradora. El rey aceptó nuevamente, confiado en que la CEDA podría alcanzar la mayoría absoluta en las siguientes elecciones. Mientras tanto, decidió pasar familiarmente las vacaciones estivales en la villa del conde Ladislao de Hoyos, en el pueblo austriaco de Pörtschach -al lado del lago Woerthersee- pero la elección no fue del agrado de la Victoria Eugenia, que se negó a acudir ante la insistencia de su marido. Según información de los servicios de espionaje republicanos -que continuaban vigilando a la familia real- los esposos tuvieron una agria discusión en el Hotel Savoy. La reina manifestó que no le gustaba Austria, que no podía soportar más la situación de ser la persona de la que más fácilmente prescindía. Pero también los espías elevaron a sus superiores la idea de que, en el fondo, existía entre ellos un pacto o un acuerdo que impedía una ruptura definitiva. Nada dijeron en sus informes de los duques de Lécera.

Finalmente, el rey decidió partir hacia Austria con sus hijas y su hijo Gonzalo, vía Venecia, hacia el destino elegido el 30 de junio, dejando a la reina en Fontainebleau, que abandonó al día siguiente para ir a Inglaterra. Más tarde, se trasladó a la estación termal francesa de Divonne les Bains, cerca de Ginebra donde recibió una noticia trágica. En 12 de agosto, Beatriz y Gonzalo tuvieron un accidente de automóvil, de resultas del cual el infante hemofílico tuvo una hemorragia interna. Llamaron a su madre rápidamente, pero la reina llegó tarde y tan sólo pudo asistir al funeral y entierro de su hijo pequeño. El hecho inundó de tristeza a la familia real que, lentamente, tuvo que volver a su vida cotidiana. En el otoño de ese año, Alfonso XIII decidió trasladar su residencia a Roma, por los beneficios del clima para su quebrantada salud y la hospitalidad que le brindaron las autoridades italianas, aunque mantuvo su secretaría en Paris para asuntos políticos.

En enero de 1935, Alfonso XIII se entrevistó con el periodista Julián Cortés Cavanillas, con quien comentó la situación política española. En opinión del monarca, el régimen republicano era un desastre, como los acontecimientos del último año habían demostrado. Resultaba necesario evitar que España cayera en el caos y la anarquía, "prólogo inevitable al comunismo integral". Sabía perfectamente cuáles eran los defectos de la CEDA, pero creía que era una experiencia política que debía realizarse, aunque fracasase. Y si triunfaba, estaba seguro de que la Monarquía volvería prudentemente, sin violencias ni trastornos.

Mientras tanto, Ena había fijado ya su residencia en Londres, donde había adquirido una casa en el 34 de Dorchester Terrace, cerca de Bayswater Road, para estar cerca de su madre y desde donde recomponer su vida social londinense mientras sus hijos comenzaron a casarse. La infanta Beatriz enlazó, el 14 de enero de 1935, con Alessandro Torlonia, príncipe de Civitella-Cesi en Roma; su hermano Jaime se casó morganáticamente el 4 de marzo siguiente, en la iglesia de San Ignacio de Loyola de Roma, con Enmanuela Dampierre, hija del noble francés Roger de Dampierre, vizconde de Dampierre; y el príncipe Juan de Borbón contrajo matrimonio con su prima la princesa María de las Mercedes de Borbón y Orleans el 12 de octubre, en la basílica de Santa María de los Ángeles y los Mártires de Roma. Victoria Eugenia no asistió a ninguna de esas bodas, lo que deterioró su buena imagen entre los políticos monárquicos que luchaban en España por la Restauración del trono.

En Roma, se rumoreó que Victoria Eugenia deseaba que su marido le abonase los gastos del viaje y residencia durante las bodas en Italia, pero no habían llegado a un acuerdo. Alfonso XIII consideraba que la pensión que le enviaba era suficiente para cubrir los desplazamientos. Además, salvo su hijo Alfonso, el resto habían tomado discretamente partido por su padre en su separación. De ahí que, para su nuera Enmanuela Dampierre, la reina no tuviera autoridad entre sus hijos, aunque todos la respetaban y querían.

El periodista José María Carretero, *El caballero audaz*, publicó ese año un artículo sobre la situación de los monarcas. Utilizó la evidente separación física de los reyes para publicitar, en sus páginas, la deseada entronización de don Juan, como deseaban la mayoría de los seguidores de la dinastía. Como escribió, el príncipe de Asturias era la solución clara y justa, "sin responsabilidad del pasado, limpio en su juventud de toda culpa, encendido en el optimismo unánime de la esperanza". No sabemos si Alfonso XIII leyó el artículo, pero de hacerlo le hubiera enojado muchísimo. El rey había ya declarado que abdicaría al día siguiente de su vuelta al palacio real de Madrid en su hijo Juan, prometiendo que no sería un obstáculo para la Restauración, pero continuó negándose a renunciar en el exilio para no dar la razón a las acusaciones vertidas contra él por los republicanos. Por su parte, Victoria Eugenia se fue acomodando a la vida en Inglaterra, frecuentando círculos sociales y la iglesia católica de Farm Street en Mayfair. Al ser conocido su interés por la Cruz Roja, se le solicitó que fuera presidenta del comité de damas del hospital católico de San Juan y San Isabel en Londres.

Durante 1935 se certificó el fiasco del proyecto accidentalista de la CEDA, que no fue capaz ni de lograr un Concordato con la Santa Sede ni de evitar el descrédito de sus aliados -el Partido Radical-con el famoso escándalo del estraperlo. Ya en el mes de junio, Alfonso XIII había cambiado sustancialmente de opinión respecto a la actuación de los cedistas, con relación a la conversación a principios de año. Veía aumentar peligrosamente la violencia política y una marea revolucionaria, cuya responsabilidad alcanzaba plenamente a la coalición centroderechista que no había sabido hacer frente a las consecuencias de la revolución de Asturias y el intento separatista catalán del año anterior. La anarquía se estaba enseñoreando de nuevo del país, donde se estaba creando una nueva dinámica muy violenta protagonizada por elementos jóvenes, deseosos de imponer en España los modelos soviético o italiano. Los socialistas mantenían una semifidelidad a la República, a la que consideraban burguesa y sólo un paso hacia su meta final de la revolución proletaria. Pero, a pesar de todo, Alfonso XIII todavía en la boda de don Juan manifestó su esperanza en una mayoría absoluta de la CEDA en las próximas elecciones. Al conseguirlo, el presidente de la República -Niceto Alcalá Zamora- se negaría a entregarles el poder, como era conocido, lo que provocaría una crisis de régimen. Ese podría ser el momento adecuado -en su opinión- para restaurar la Monarquía. Por ello, el rey se negó a que apareciera con su firma un manifiesto en contra de la política colaboracionista de los cedistas en enero de 1936. Pero la victoria fraudulenta del Frente Popular en las elecciones del mes siguiente lo cambió todo, adquiriendo fuerza las tendencias conspiratorias en los medios castrenses. Las ocupaciones de fincas por jornaleros alentados por las izquierdas, las manifestaciones y actos anticlericales, el aviso de futuras expropiaciones y los deseos de venganza por la represión de la revolución de 1934 no ayudaron a crear un adecuado clima para la elevada tensión social que fue en aumento en aquella primavera trágica. El asesinato del líder monárquico José Calvo Sotelo fue interpretado como el comienzo de una venganza política.

El comienzo de la guerra civil española, en el mes de julio, sorprendió a Alfonso XIII veraneando en Checoslovaquia y a Victoria

Eugenia en Fontainebleau, aunque pronto se trasladó a Londres. Inevitablemente, la tragedia española les recordó la guerra civil rusa (1918-1920) entre rojos y blancos, ya que no sólo estalló en España un conflicto militar sino una revolución izquierdista en la zona controlada por el Frente Popular. Durante esos años, Ena se preocupó por intentar salvar la vida de amistades y conocidos, presos en zona republicana, con ayuda de sus escasos contactos con la elite diplomática británica y de su prima Bee. Resulta escasamente conocido que Victoria Eugenia era íntima amiga de la hermana del primer ministro Arthur Neville Chamberlain, con el cual también mantenía buenas relaciones, por lo que se encontraba informada de la perspectiva británica sobre la guerra. Realizó esfuerzos por evitar el fusilamiento de José Antonio Primo de Rivera, al cual recordaba agradecida por ser de los pocos que fueron a despedirla cuando abandonó España en 1931. La reina intentó impulsar la idea de que la diplomacia extranjera mediara en la realización de canjes entre prisioneros de ambos bandos, actuación diplomática lenta que tuvo que soportar las suspicacias e incomprensiones de ambos bandos en guerra. Cabe recordar que más de 11.000 españoles fueron asilados por las Embajadas y Legaciones extranjeras -hombres, ancianos, mujeres y niños- salvándose de una muerte segura por la represión republicana. El problema de su evacuación fue constante y, en algunos casos, fueron utilizados en canjes individuales o colectivos.

En septiembre de 1936, la reina cruzó el Atlántico en el *Queen Mary* para visitar a su primogénito Alfonso de Borbón, que se encontraba ingresado desde el 26 de agosto en un hospital de Nueva

York por su hemofilia. El viaje fue pagado, según se dice, por su yerno el príncipe Alessandro Torlonia quien, junto a la infanta Beatriz, le acompañaron. Una vez que su hijo se repuso, volvieron a Europa, donde Victoria Eugenia inició un acercamiento o un intento de reconciliación, en la medida de sus posibilidades, con su marido, al que no podía olvidar después de tanto tiempo. Tal vez ese año ocurrió su ruptura con los duques de Lécera, ya que la asfixia social y familiar producida por la posesiva pareja llevó a la reina a desprenderse de su compañía, regresando a sus propiedades españolas en Andalucía. Además, la creencia de que la victoria del bando nacional en la guerra civil pudiera proporcionar una oportunidad a la Restauración de los Borbones, sin duda también influyó. En septiembre de 1928 se había restaurado la Monarquía en Albania y, en octubre de 1935, en Grecia, ¿por qué no en España?

Desde hacía años, numerosos políticos monárquicos deseaban que los esposos se reencontraran y volvieran a coincidir normalmente en actos, de ahí que Ena aceptara asistir a la boda del príncipe Álvaro de Orleáns con Carla Parodi-Delfino en Roma, el 10 de julio de 1937, junto al rey. Además, fue madrina de su nieto el príncipe Juan Carlos, hijo de don Juan, acudiendo a la capital italiana para asistir a su bautizo el 26 de enero de 1938. Un mes más tarde, la reina escribió a su prima Beatriz:

> *El nacimiento del hijo pequeño de Juan ha sido una gran alegría porque es un bebé tan dulce, tiene la cabeza pequeña, una deliciosa cara y es rubio. Ha venido tres semanas antes porque María rompió aguas antes de tiempo. La*

reina Helena de Italia, tan cariñosa, me ha cedido un pequeño apartamento en el Quirinal porque ya no había sitio en la casa de Baby (infanta Beatriz). Vi al rey en el bautizo (yo fui la madrina) pero ahora parece ¡que no quiere verme! Eres la única persona a la que puedo hablar de todo, de España dentro de España y de los españoles[32].

No obstante, Alfonso XIII aceptó cierto contacto directo y conversación con su esposa a partir de entonces. Mantuvo una actitud correcta y educada con ella cuando coincidían en actos familiares, pero la evitó siempre que pudo, pues le ponía muy nervioso. Cuando se encontraban en Suiza o en Italia, en casa de algunos de sus hijos, almorzaban juntos o acudían al cine, pero luego se estrechaban las manos y se iban a sus respectivas residencias hasta la siguiente ocasión. No obstante, el rey rogó a una amiga común -que había logrado evadirse de la España republicana gracias a las gestiones de Ena- que "fuera buena con ella".

Fue ese año cuando recibieron la triste noticia de la muerte de su primogénito, el 6 de septiembre de 1938, en un accidente de automóvil en Miami. El año anterior se había divorciado de su esposa, contrayendo nuevo matrimonio con Marta Esther Rocafort que también terminó en otro fracaso. Victoria Eugenia al saber la gravedad de las consecuencias del accidente intentó trasladarse a Estados Unidos -donde había estado con su hijo hacía dos años pero no pudo llegar a verle vivo. Como escribió a su amiga y prima Bee:

---

[32].- Sagrera, p. 418.

Estaba deseosa de saber de ti porque siempre has querido tanto a mi amado hijo y puedes comprender mejor que nadie lo que su muerte significa para mí. Sé que no podía desear que viviese porque su vida, pobre, era sólo sufrimiento. Pero que tuviera que morir de esa horrible manera, tan solo y lejos, sin nadie que le quisiera y que tratase de ayudarle y confortarle al final, esa idea me rompe el corazón y hace que mi dolor sea más duro de escuchar. Quiero a todos mis hijos lo mismo, pero sin duda había un especial lazo de amor y comprensión entre Alfonsito y yo, debido en parte a su salud y cómo él sufría, y también porque… Es terriblemente duro haber perdido a mis dos amados hijos de la misma trágica manera, e indudablemente yo voy a atravesar negros días de sufrimiento y soledad. No hay un alma en Londres, y tú sabes cómo son nuestros parientes ingleses[33].

La reina se lamento de no haberle escrito con más asiduidad ese año y le torturaba pensar que su hijo hubiera creído que no le quería. A finales de ese mes se firmó el pacto de Munich entre Alemania, Italia, Francia y Gran Bretaña, que permitía cierta expansión alemana por Europa a cambio de una teórica paz. A raíz de ese encuentro, en una visita que realizó Victoria Eugenia al primer ministro Chamberlain en Londres le encontró tan pesimista que recomendó que la guerra civil finalizara antes del comienzo de otra guerra mundial, como así ocurrió. El 19 de marzo de 1939, cuando se veía ya el final del conflicto español, Ena escribió una carta a su prima Bee donde le comunicó las esperanzas que la familia real tenía en una próxima restauración de su hijo Juan como rey con la llegada de la paz.

---

[33].- Sagrera, p. 429.

Cuando llegue el momento, la llamada será desde Burgos. Yo deseo fuertemente que Alfonso (XIII) sea el primero en ser informado de las decisiones que se tomen, así luego no habrá disgustos, porque él se quedará a un lado, pero él quiere que se le comunique la noticia el primero, porque yo sé que abiertamente lo espera. Es un pequeño detalle, pero sus amigos españoles piden eso, ya que sería mejor para todos ¡Pobre y desgraciado Madrid! Uno piensa en lo que se encontrarán después de la reciente lucha entre comunistas y anarquistas.

También le trasladó su miedo y preocupación por la política anexionista de Alemania, preguntándose hasta cuándo aguantaría el resto de los países limítrofes. Veía que el primer ministro británico Chamberlain había variado el tono de sus mensajes y que la guerra podría declararse en cualquier momento. Anhelaba volver a España antes de que eso sucediera, aunque le resultaba terrible pensar que no pertenecía a ningún lugar en esos momentos y no saber dónde ir a ciencia cierta. Sin embargo, la "llamada desde Burgos" -sede del victorioso gobierno- al rey nunca se produjo, pues el general Francisco Franco -vencedor de la guerra civil- decidió que no era el momento del retorno monárquico.

Ena y su marido continuaron concurriendo juntos, sin apenas hablarse, en diversos actos en Roma como el Te Deum de agradecimiento por la llegada de la paz a España y en los actos de coronación del papa Pío XII, ocasiones donde los monárquicos que llegaban a la Ciudad Eterna firmaban en libros de adhesión a los reyes, dispuestos en los hoteles. Sin embargo, Ena temía que "nuestro pobre país, que ha sufrido tan terriblemente, pueda estar involucrado de nuevo en una inevitable guerra europea". A mediados de marzo se había trasladado a Londres, pensando si volvería a ver a sus hijos, cuando el ministro Anthony Edén la visitó en su casa de Porchester Terrace. Le advirtió personalmente que, en caso de guerra contra los alemanes, el gobierno británico no podría garantizar su seguridad, ya que ni siquiera era miembro oficial de la familia real. En vista de lo cual, Ena se instaló por un tiempo en la residencia de su amiga Mary, marquesa de Craymayel -también muy amiga de Alfonso XIII- en Ouchy, cerca del lago de Lausanne. Ya había pasado temporadas allí y el clima le sentaba estupendamente. Además, se encontraba cerca de sus hijos, residentes en Italia, de tal manera que pudo asistir a la boda de su hija la infanta María Cristina con el conde Enrico Marone el 10 de junio de 1940.

España proclamó su neutralidad cuando Alemania y la Unión Soviética invadieron Polonia, comenzando la Segunda Guerra Mundial. Paralelamente, Franco empezó a construir lentamente su régimen político en España, sin decir absolutamente nada de una inmediata restauración de la Monarquía, lo que desilusionó a la familia real. Alfonso XIII, tras firmar su abdicación en su hijo don Juan, murió en Roma el 29 de febrero de 1941.

Días antes le había telefoneado Victoria Eugenia para recordarle que se aproximaba el cumpleaños de su nieta Sandra, hija de la infanta Beatriz, por lo que, tras buscar un regalo, le dijo "de vuelta podría pasar a verte un momento", a lo que el rey respondió "Ven, pero antes de las once y media porque tengo que salir a almorzar". Al llegar al Grand Hotel la reina se llevó la sorpresa de ver a su marido sentado en un gran sillón tras sufrir un primer ataque al corazón diciéndola: "Perdona que no me levante, estoy sufriendo como un loco". En cuanto se recobró, mandó llamar a su capellán, el padre Ulpiano López, que escuchó su confesión. Los médicos del rey estuvieron de acuerdo en aceptar un diagnóstico deprimente. Con una sonrisa, don Alfonso les intentó tranquilizar diciendo "No creo morir esta noche".

Victoria Eugenia, que residía en otro lugar, logró mudarse al Gran Hotel para estar cerca de su esposo durante sus últimos días, aunque casi no se vieron. En el fondo de su corazón, el rey se sentía culpable pero nunca se había decidido a pedirle perdón. Pero la reina, recordando su agonía final, diría años más tarde que su marido le había dicho "¡Ena, esto se acaba!". Todos sus hijos estuvieron presentes también, salvo la infanta María Cristina que se encontraba esperando el nacimiento de una hija. Los reyes de Italia acompañaron a la familia y dieron todas las facilidades oficiales para que los funerales del monarca español fueran muy solemnes.

El 8 de julio de 1939, en Lausanne, Alfonso XIII había firmado su testamento, por el cual, en su punto octavo, legaba a su esposa el usufructo que el código civil español otorgaba a la viuda. Ordenó que la dote que había aportado al matrimonio, al igual que la donación dotal que le hizo entonces, le fueran restituidas conforme a la ley. Si con estos medios, y otras rentas provenientes de sus bienes que le serían atribuidas tras su muerte, no llegara a reunir una renta anual de 6.000 libras esterlinas, fue su deseo de que el capital que fuera necesario para completar la renta le fuera concedido en usufructo siendo deducido del tercio disponible de su herencia.

Ena en Lausanne (años 50).

REINA MADRE

La situación bélica creada en Europa hizo muy difícil la residencia de Victoria Eugenia en Roma, donde vivía en casa de su hija Beatriz, el palacio Torlonia. El ambiente resultaba agobiante porque Italia había declarado la guerra a Gran Bretaña y Francia, y Ena fue considerada una princesa británica favorable a los Aliados. La policía italiana la acusó de montar un sistema de espionaje por lo que la reina, muy ofendida, decidió abandonar Italia, encontrando un lugar a salvo de la guerra en Lausanne, a cuyo Hotel Royal llegó el 30 de enero de 1942. Su hijo Juan y su familia la visitaban a menudo pasando largas temporadas en una casa alquilada, cerca del hotel, donde la reina pudo dedicarse a cuidar de sus nietos y ejercer de algo que no había podido encargarse en sus años en la corte, como era ocuparse personalmente del cuidado de sus nietos como si fuera su madre. Además, la cercanía de su hijo Juan le proporcionó ánimos para seguir incitándole en la reclamación de su derecho a la Corona. Como escribió a la reina de Gran Bretaña, "por cuarta vez en once años debo empezar otra vez mi vida en otro país". Por entonces, el jefe de su Casa era Fernando Messía y Fitz-James Stuart, duque de Tamames y conde de Mora, mientras Carmen Xifré, condesa de Campo Alegre, actuaba como su secretaria.

Franco continuó negándose a ceder la Jefatura de Estado a don Juan, aunque realizó algunos gestos para contentar a los monárquicos, divididos entre juanistas y carlistas, lo que debilitó sus aspiraciones. En vez de celebrar una misa oficial en el aniversario de la muerte de Alfonso XIII en El Escorial, se decidió ofrecerla por el alma de todos los reyes de España. El hecho fue criticado por la reina Victoria que lo interpretó como una acción antimonárquica, al borrar todo sentimiento personal hacia la memoria de su marido —"el pobre Alfonso" como empezó a llamarlo- y dejarlo olvidado en el pasado. Y así, su viudez le llevó a mostrarse más preocupada en el destino de la política española, algo que hasta entonces o no le había interesado o había considerado que no era algo de su incumbencia. Ya no estaba obligada a nada, como cuando se encontraba en Madrid; era más libre para decidir y actuar; sintiéndose más independiente que nunca, pudo dedicarse sin presiones a todo aquello que le pudiera interesar.

Como escribió el conde de Fontanar, fue la reina Victoria Eugenia quien sugirió que su hijo Juan adoptase el título de conde de Barcelona, tras la muerte de su padre. Resultaba evidente que ya no podía seguir con el de príncipe de Asturias, que presuponía la existencia de un monarca. Tanto su hijo como los principales líderes del movimiento monárquico en España lo consideraron un inmenso acierto. En su primera alocución pública, tras la muerte de su padre, don Juan dejó claro que deseaba presentarse ante sus compatriotas como un reconciliador pues su Monarquía estaría abierta para todos y sostenida con el esfuerzo de todos.

Los juanistas se dividieron en la estrategia a seguir: realizar la

Restauración con Franco, sin Franco y contra Franco. Algunos, como José María Pemán y el duque de Sotomayor, pensaron que el general le acabaría cediendo el poder, por lo que había que esperar, no provocar ningún conflicto y preparar a la opinión pública para que aceptara el retorno de la Monarquía. Otro grupo, donde se situaban Vegas Latapié, Gil Robles y Sáinz Rodríguez, percibió que Franco nunca dejaría voluntariamente el poder en vida, por lo que había que iniciar una política de clara oposición y buscar apoyos entre las demás fuerzas de oposición al régimen. La evolución de la Segunda Guerra Mundial incidió totalmente en la política monárquica, pues España -pese a los intentos de pasar de la neutralidad a la no beligerancia y volver, más adelante, a la neutralidad- apareció ante el mundo como un país afín al Eje italo-alemán.

A partir de 1943 resultaba claro que, tarde o temprano, los Aliados ganarían la guerra, lo cual provocaría la caída del franquismo. Para los monárquicos, Gran Bretaña preferiría una Monarquía a una República revolucionaria y revanchista que podría dar opciones a una penetración soviética mediante los comunistas españoles. Pero, en el interior de España, los monárquicos no quisieron proporcionar una excusa para otro conflicto civil o una situación revolucionaria, por lo que se tomaron medidas para convencer a Franco de que, voluntariamente, abandonara el poder y diera paso a la Restauración. Ese año se organizaron dos peticiones formales al general en la que se solicitaba la vuelta de la Monarquía. La primera la firmaron 27 procuradores en Cortes y una segunda 12 tenientes generales, sin que obtuvieran resultado. La reina Victoria, en una carta a su prima Bee fechada el 30 de marzo de 1943, le comentó esos sucesos infructuosos de lograr la entronización de su hijo, criticó el escaso liderazgo del duque de Sotomayor, demostrando su satisfacción por la renuncia que había presentado. Pero lamentaba que no hubiera un buen líder en España que unificara a todos los grupos monárquicos y los armonizara.

> *Si los Aliados ganan la guerra* -escribió la reina- *lo que parece lo más probable, entonces Franco y su preciosa Falange tendrán los días contados, así lo imagino. Yo no veo a Inglaterra y a América sosteniendo o aceptando a Franco y su Estado totalitario. Mayor razón para que Juan regrese antes de que ellos puedan poner un dedo en el fuego, porque tendrán un fait accompli, ellos sin duda le aceptarían a él y a la Monarquía española, que después de todo es tan antigua y tradicional como la Monarquía británica*[34].

En sus siguientes cartas a su prima, el verano, la reina manifestó su deseo de que el conde de Barcelona volviera y se instalase en España antes del fin de la guerra mundial, pues si "esos ignorantes y aduladores americanos son los vencedores" intervendrían a favor de los republicanos, "y no sé lo que eso significaría, prefiero no pensar en ello". La ceguera política de Franco y de sus partidarios la sacaban de quicio, así como la lentitud de los partidarios de su hijo. En el fondo, el general sabía que los monárquicos temían más la vuelta de las izquierdas perdedoras de la guerra que su permanencia en el poder.

---

[34].- Sagrera, p. 470.

En 1944 la princesa Beatriz -madre de Victoria Eugenia- enfermó gravemente y, gracias a la ayuda del gobierno británico, su hija pudo volar a Londres para visitarla antes de su muerte y asistir finalmente a su funeral, el 3 de noviembre. Aprovechó la estancia para entrevistarse con varios ministros y con el premier Winston Churchill, de donde sacó la conclusión de que el político conservador José María Gil Robles -antiguo líder de la CEDA- estaba mejor considerado en los círculos políticos que el propio Franco. En la capital británica también pudo comprobar que allí resultaba muy caro mantener un nivel de vida propio de su categoría, sobre todo por el alto desembolso de impuestos que le costaría pagar. Además, sus familiares británicos tampoco se mostraban dispuestos a ayudarla excesivamente, recordando su renuncia al anglicanismo.

En 1945, aconsejado por sus leales, don Juan de Borbón hizo público su Manifiesto de Lausanne, en el que solicitó la dimisión de Franco y la vuelta de la Monarquía como un régimen superador de la guerra civil. La censura franquista impuso su silencio en el país y el documento pasó inadvertido para la mayoría de la población. En enero del año siguiente, el conde de Barcelona con su familia se trasladó a Londres donde se entrevistaron con el rey Jorge VI para medir el grado de apoyo del gobierno británico a la Restauración. En febrero, se trasladaron a Lisboa para instalarse en la localidad cercana de Estoril, esperando acontecimientos. Exiliados por la guerra, los monarcas de Bélgica, Holanda, Grecia, Luxemburgo y Noruega habían vuelto a sus tronos ¿por qué no el de España?

La derrota de Alemania y Japón supuso el final de la Segunda Guerra Mundial y la apertura de un periodo difícil para la supervivencia del régimen franquista.

La condena de los Aliados contra España en julio de 1945 y las presiones de la oposición antifranquista en los medios políticos parecieron configurar su final. Era el momento que debía ser aprovechado por los juanistas para intentar la vuelta de la Monarquía con el apoyo de Gran Bretaña. Según Gil Robles, Victoria Eugenia envió a su nieto Juan Carlos a Estoril con una carta para su padre en abril de 1946, donde le narraba que había tenido una extensa conversación con el rey Jorge VI quien le había comunicado que su gobierno todavía era un decidido partidario de la Restauración en España, al tiempo que estaba totalmente en contra de Franco. El 20 de mayo, la reina se trasladó a Estoril para pasar unos días con sus hijos y nietos, donde hizo notar su interés por los problemas políticos a los consejeros del conde de Barcelona. Sin embargo, la posición británica no produjo los resultados esperados y las esperanzas de la familia real decayeron. Ena dijo a Gil Robles, "Pobre Juan, tan cerca de la patria y ver que se le cierran las puertas. Yo le pido a usted que no le abandonen, pues su espíritu puede decaer". Y es que había oído decir a su hijo que no estaba dispuesto a vivir en la eterna espera y si no le querían, estaba dispuesto a irse a vivir modestamente a América.

En Estoril, la reina se reunió con algunos representantes de la realeza exiliada y de la sociedad internacional, que siempre apreciaban su personalidad y su enorme gusto por los signos externos de representación de la realeza. La condesa de París la describió, por entonces, como

> *Una mujer espléndida, una de las más bellas que yo haya conocido nunca pues casi hasta el final de su vida era aún muy bella y siempre tan elegante. Su risa espectacular podía sorprender, pero era muy comunicativa y su forma de hablar era muy divertida, porque tenía un timbre de voz muy especial e incorporaba juicios nada envueltos en matices. Eso divertía mucho[35].*

Ena abandonó Portugal y se trasladó a Londres, donde recibió una herencia inesperada de su amiga Margaret Greville, una rica filántropa, que le legó 25.000 libras esterlinas. Con ellas podía pensar en adquirir una residencia en Suiza o en Portugal. Finalmente, optó por comprar una casa llamada Vieille Fontaine en Lausanna, desde donde podría recibir visitas de sus hijas residentes en Italia, instalándose a partir de julio de 1948. Hizo algunas obras, lo redecoró con muebles propios y de la herencia de su madre, que le recordaban la tierra que la vio nacer y aquella donde reinó. Las flores con las que adornaba su residencia tuvieron aire español al ser claveles, margaritas, gladiolos y mimosas. En sus habitaciones colgó retratos familiares -como sus lienzos pintados por Lazsló y Macarrón- y, en un destacado sitio, el de Alfonso XIII. En principio, alquiló su casa londinense, pero, con el paso de los años, fue adquirida por el gobierno peruano como residencia de su embajador en el Reino Unido.

---

[35].- Mateos, p. 185.

Por primera vez tuvo un hogar completamente suyo y definitivo, donde pasaría el resto de sus veinte años de vida. Organizó su vida de manera que no tuviera espacios vacíos, oyendo misa en la iglesia del Sagrado Corazón de Ouchy, paseando por los jardines, la ribera del lago y realizando una intensa vida social con sus vecinos y amigos de Lausanne. Tenía posibilidad de viajar a Italia a visitar las familias de sus hijas y vigilaba la educación de sus nietos, hijos de don Juan y don Jaime, que se educaban en un colegio próximo. Ella insistió en que aprendieran español y pronunciaran correctamente la erre. Conservó su trato con otras familias inglesas, con la nobleza española y fue buena amiga de la reinante en Mónaco, siendo madrina de bautismo del príncipe Alberto, hijo de Rainiero III. Su mayor alegría fue llegar a saber que ninguno de sus catorce nietos tenía hemofilia.

José María Gil Robles creó la llamada Confederación de Fuerzas Monárquicas con el fin de negociar con la oposición antifranquista - socialistas de Prieto y republicanos conservadores como Salvador de Madariaga- una posible coalición que sustituyera al régimen franquista, proponiendo a los Aliados un sistema democrático monárquico. En el interior de España, los representantes oficiosos de don Juan –general Kindelán y el infante Alfonso de Orleáns- no consiguieron grandes progresos, por lo cual fueron sustituidos por el historiador Jesús Pabón. Pero el comienzo del enfrentamiento entre Estados Unidos y la Unión Soviética -conocido como la Guerra Fría- posibilitó la supervivencia del régimen franquista. Eso sí, Franco tuvo que iniciar unos cambios políticos que le hicieran más aceptable de cara a la nueva situación internacional y, entre ellos, destacó la Ley de Sucesión, que le fue comunicada a don Juan por cortesía. Por la misma, España se definió como una Monarquía católica, social y representativa… sin rey. La Jefatura de Estado correspondía a Franco hasta su muerte y podía elegir sucesor entre varios candidatos que reunieran las condiciones necesarias, entre ellas que tuviera más de treinta años. Con esta medida, se pretendió desactivar los grupos de oposición monárquica y tranquilizar a sus líderes pues el camino parecía garantizado. Para don Juan y su madre, fue un duro golpe pues la ley no contemplaba las tradicionales leyes sucesorias de la Corona y dejaba al arbitrio de Franco la elección del futuro monarca.

En consecuencia, don Juan y sus consejeros aprobaron el manifiesto de 7 de abril, donde el conde de Barcelona se manifestaba frontalmente contrario al proyecto sucesorio, quitaba todo valor representativo a las Cortes, denunciaba que Franco sólo quería convertir en vitalicia su dictadura personal, defendía el carácter hereditario de la Monarquía y firmaba como rey. Franco reaccionó eliminándole para siempre como candidato a la sucesión, alentando una campaña de prensa y propaganda contra su figura. La Ley de Sucesión fue sometida y aprobada en referéndum nacional el 6 de julio de 1947, cuyos resultados fueron aceptados por el departamento de Estados Unidos. Ello consolidaba el giro norteamericano de apoyo a España y el fracaso de la oposición antifranquista. El 19 de agosto, Gil Robles se entrevistó con la reina Victoria en Lausanne y le confirmó su pesimismo, aunque intentó continuar las negociaciones con los socialistas.

El 25 de agosto de 1948, Don Juan y Franco se entrevistaron a bordo del yate *Azor*, en aguas de San Sebastián, pactando una relajación de la censura en temas monárquicos para preparar a la opinión pública hacia el futuro y la llegada de don Juan Carlos a España para cursar sus estudios de bachillerato. La entrevista había sido preparada por los monárquicos partidarios de llegar a un acuerdo con Franco. En una nueva entrevista con la reina, el 8 de agosto de 1949, Gil Robles pudo comprobar como Victoria Eugenia había aceptado los hechos: no quedaba otro camino que el entendimiento, su hijo carecía de posibilidades de reinar y el futuro dependía de la educación de Juan Carlos en España.

En octubre, Ena se desplazó a Estoril para asistir a la primera comunión de su nieto Alfonso, sin casi invitados españoles. El ambiente familiar era de gran tristeza y la reina parecía estar a punto de llorar. Como escribió al conde de los Andes, "la idea (de Franco) de apoderarse de mi nieto resultaba la consecuencia lógica de su famosa ley de Sucesión". Don Juan parecía tan abatido que no reaccionó cuando su hermano don Jaime planteó dejar sin efecto su renuncia de 1933, por lo que su madre le quitó la idea de la cabeza para evitar una crisis de imagen en la familia real.

El 6 de febrero de 1952 falleció Jorge VI de Gran Bretaña, un pariente con el que Ena tuvo una buena relación, aunque, como escribió a su prima, tenía el triste sentimiento de no pertenecer a ningún país, puesto que sentía que no tenía ninguna unión con Inglaterra y, tal y como se desarrollaban las cosas, pensaba que jamás volvería a residir permanentemente en España. Se veía muy claro la reina que sólo se instalaría cuando su hijo fuera rey. Y, finalmente, aunque fuera feliz en Lausanne, no podía sentirse suiza. En ese año, la reina sufrió tres perforaciones de intestino, salvándose y recuperándose ante el asombro de su familia que se temió lo peor. Fue invitada durante tres semanas a Estoril, donde quedó muy satisfecha del cariño y afecto de su hijo, nuera y nietos, aunque su estancia volvió a convencerla de que el clima de Portugal no convenía a su salud.

Al año siguiente, falleció un querido y devoto amigo de la reina, Jacobo Fitz-James Stuart, duque de Alba, en el Hotel Royal de la ciudad helvética. Como en ese establecimiento se mostraron escasamente partidarios de situar la capilla ardiente, Ena decidió abrir su villa para instalar la de quien había sido siempre un fiel servidor de la Monarquía, ministro de su marido, embajador en Londres en los tristes días de la guerra civil y de la guerra mundial. En agosto, la reina pasó unos días en el Hotel Palacio de Estoril, a donde se acercaron varias familias de la nobleza española a saludarla y comentarla la situación que se vivía en el país. En 1954, el gran evento social de la familia real fue la puesta de largo de la infanta Pilar que, en principio, se pensó reducirla a una fiesta íntima. Pero, ante la llegada de numerosas cartas desde España expresando la voluntad de muchos ciudadanos de acercarse a saludar a don Juan con ese motivo, la reina Victoria propuso organizar una ceremonia mucho más grande que recogiera el sentir de multitud de españoles. Así, el acto derivó en una muestra de adhesión monárquica, a la que asistieron ministros portugueses y la revista norteamericana *Life* divulgó por todo el mundo.

La situación económica de Victoria Eugenia no era boyante, por lo que tuvo que vender algunas de sus magníficas joyas que le había regalado su marido. Recibió un alivio cuando, por un decreto-ley de 2 de septiembre de 1955, basándose en los resultados del referéndum de 1947, se reconoció la vigencia de lo establecido en el artículo segundo de ley de 23 de marzo de 1906. Así, a partir de la fecha de muerte de Alfonso XIII, a su viuda se le reconoció una asignación anual de 250.000 pesetas con cargo a los presupuestos estatales. El conde de Ruiseñada, jefe de la Casa de la Reina, administró su presupuesto de tal manera que la reina no se privara de nada, aunque fuera necesario, en ocasiones, solicitar ayudas económicas.

El príncipe Juan Carlos de Borbón se desplazó desde Estoril hasta Las Jarillas, una finca cercana a Madrid, en noviembre de 1948, donde recibió clases junto a otros niños de la aristocracia y la burguesía. Tras una interrupción de un curso, Juan Carlos continuó sus estudios en el palacio de Miramar, en San Sebastián. Era el nieto favorito de Victoria Eugenia pues le recordaba a su hijo primogénito por "su delgada silueta, sus hombros cuadrados y la manera de andar; desde siempre ha sido muy cariñoso conmigo", como escribió a su prima. Pero nunca olvidó al resto de sus nietos y nietas, a quienes visito y recibió siempre, cuidando -tras la separación del infante don Jaime- del bienestar de sus hijos, Alfonso y Gonzalo, como reconoció su madre, Enmanuela

Dampierre. Precisamente estos dos nietos siempre la tuvieron como modelo a seguir en la adversidad y recordaron las palabras de su abuela "No hay felicidad en el mundo, pero sí muchos momentos felices. Lo importante es saber apreciarlos y disfrutar de ellos".

Una nueva entrevista entre Franco y don Juan en 1954 estableció los estudios que completaría su hijo tras finalizar el bachillerato. Allí, se acordó que recibiera formación militar en la Academia General Militar de Zaragoza, en la Escuela Naval Militar de Marín y en la Academia General del Aire de San Javier. Al año siguiente, murió el infante Alfonso, hermano de Juan Carlos, de resultas de un accidente. La reina Victoria Eugenia asistió a sus funerales y los que la vieron no dejaron de exclamar que parecía una Mater Dolorosa. El príncipe se volvió taciturno y retraído, fue enviado de vuelta a Zaragoza, mientras que su madre, la condesa de Barcelona, cayó en una profunda depresión por la que hubo de ser ingresada durante un tiempo en una clínica cercana a Fráncfort. Su prima Bee se trasladó a Lausanna para acompañar a Ena -que recordaba los accidentes de sus hijos- en su dolor.

A fines de 1959, Juan Carlos recibió los despachos de oficial de los tres Ejércitos en Zaragoza. Durante el acto, el general Barroso, ministro del Ejército, tuvo un recuerdo a la reina Victoria Eugenia en su discurso, "para quien este acto llevará emotivas remembranzas, porque hoy ingresa en los Ejércitos de la nación que un día la respetó como reina un oficial de su misma sangre". Al año siguiente, en otra reunión entre el conde de Barcelona y Franco se trató sobre la formación universitaria del príncipe. Su preceptor, el general Martínez Campos, quiso que asistiera a la universidad de Salamanca y Gil Robles propuso la católica de Lovaina, pero, finalmente, acudió a la de Madrid. Sin embargo, no completó una carrera universitaria, sino que asistió a algún curso en varios centros y, sobre todo, recibió clases individuales.

El 13 de septiembre de 1961, en casa de la reina Victoria, se anunció el noviazgo del príncipe Juan Carlos con la princesa Sofía de Grecia, fijándose su boda para el 14 de mayo del año siguiente en Atenas. Ena -que quedó muy satisfecha de la elección de la novia- asistió encantada y disfrutó mucho, según se desprende de su correspondencia, con la comitiva, los actos, los bailes, el encuentro con miembros de la realeza exiliada y reinante.

Tres mil quinientos españoles acudieron a la boda y ella persuadió a los reyes de Grecia para que les permitieran estrechar la mano de la familia real española. Además, el embajador Luca de Tena organizó una fiesta para todos los compatriotas donde volvieron a mezclarse con los Borbones. El día de la boda

> *La iglesia católica estaba bellamente decorada con claveles rojos y amarillos, el canto fue también muy bueno. Sofía estaba tan dulce con sus galas nupciales, y sus ocho damas de honor parecían encantadoras, vestían de chiflón blanco plisado con dibujos plateados. Cada pareja de damas llevaba en la cintura una banda: una rosa, otra azul pálido, amarillo claro y lo que llevaban en la cabeza era del mismo color (…). A la salida de la iglesia, los*

guardiamarinas formaban con sus sables un arco para que los recién casados pasasen por debajo[36].

Tras una pausa, la comitiva se dirigió a la catedral ortodoxa, donde estar tres cuartos de hora de pie, asistiendo a la segunda ceremonia religiosa, fue una agonía para la reina, que se prolongó cuando, de vuelta a palacio, las familias reales de Grecia y España tuvieron que permanecer de pie más tiempo para satisfacer los deseos de los fotógrafos y periodistas. Tras el almuerzo, los invitados esperaron en el jardín hasta que los novios aparecieron en su coche, siendo rociados con pétalos de rosas por todos su familiares y amigos. Por la noche, los anfitriones organizaron una cena y baile, de tal manera que Victoria Eugenia apagó la luz de su cuarto a los dos menos cuarto de la madrugada, plenamente feliz y satisfecha. Con la idea de recuperarse del cansancio, de los pies y tobillos hinchados, la reina se fue a Sermina, en el lago de Garda, durante quince días, donde también realizó inhalaciones para sus molestias de sinusitis. Por entonces el jefe de su Casa era Luis Martínez de Irujo, duque de Alba, y su dama Pepita Santos Suárez, hija del marqués de Monteagudo.

La infanta Pilar contrajo matrimonio el 5 de mayo de 1967 en el monasterio de los Jerónimos de Belém de Lisboa con Luis González Acebo, vizconde de la Torre. De nuevo, la reina Victoria se trasladó a Estoril a apoyar al conde de Barcelona y su familia, ya que, nuevamente, la fiesta familiar derivó en un acto de adhesión monárquica. El día

---

[36].- Sagrera, p. 518.

anterior, miles de españoles llegaron a los alrededores de la residencia de los condes de Barcelona, donde la familia real, presidida por la reina madre, tuvo grandes dificultades para acceder a su casa por la enorme masa de gente reunida. Poco a poco, comenzaron a recibir en el salón del primer piso. Tras tres horas, la gente que esperaba solicitó que se asomara la familia real en la terraza para saludarles y, después, decidieron bajar al jardín para continuar con los saludos. La boda reunió a seis mil invitados, abriendo el cortejo la reina Victoria del brazo del rey Humberto II de Italia. Los homenajes y recepciones a los españoles que habían ido a Estoril continuaron los días siguientes.

En octubre, la reina cumplió ochenta años, por lo que se organizó una reunión de amigos y familia en Lausanne. Se inició la celebración con una misa a las diez y media en la que Ena agradeció todas las cosas buenas que había recibido en su vida. Regreso a su residencia a la una para trasladarse, posteriormente, al Hotel Beau Rivage, donde solía comer y asistir a eventos. Allí se había preparado un banquete para 150 invitados que, salvo la mesa de presidencia, se sentaron sin protocolo. Al final del almuerzo, don Juan propuso un brindis a la salud de su madre que no pudo reprimir las lágrimas. Por la tarde, tras descansar de tanta emoción, Victoria Eugenia se reunió con un círculo más pequeño de invitados y familiares para cenar. Una tuna española festejó el cumpleaños de la reina con serenatas y canciones españolas.

La infanta Beatriz el día de su boda (14 de enero de 1935).

D. Juan y Dñª María Mercedes en 1935.

Ena con su madre en 1935.

Ena fue la madrina de bautizo de Juan Carlos en 1938.

D. Juan con su mujer e hijos hacia 1955.

Ena con sus nietas "Marone" en los años 60.

Grace kelly y Victoria Eugenia en los años 60.

La reina vuelve a Madrid en 1968.

EL REENCUENTRO CON EL PUEBLO ESPAÑOL

El 30 de enero de 1968, los príncipes Juan Carlos y Sofía fueron padres de su hijo varón, el infante Felipe, por lo cual propusieron a la reina Victoria que fuera madrina de bautismo de su bisnieto. Pese a las dificultades físicas que le proporcionaban sus dos operaciones de vesícula y la recomendación de reposo de sus médicos, Ena se mostró dispuesta e ilusionada por volver a España por tal motivo, por lo que el duque de Alba organizó el viaje de la reina que sería acompañada por la señora viuda de Rich y dos doncellas personales, Pilar y Petra, además de él mismo.

El avión aterrizó a las cinco menos diez de la tarde del día 7 de febrero en el aeropuerto de Barajas y, al abrir la portezuela, el clamor de cientos de españoles que les esperaban fue atronador. La gente enarbolaba banderas y, a pesar de la lluvia de una fría tarde de febrero, cuando la reina apareció fue acogida por una larga ovación y vítores entusiastas. El encuentro entre don Juan de Borbón y su madre estuvo claramente acordado pues se inclinó ante su hijo con una profunda reverencia y, luego, le abrazó. Franco sólo autorizó oficialmente la asistencia del ministro de Justicia, Antonio María de Oriol, al ser el responsable de las relaciones con la familia real. Pero la sorpresa para los periodistas fue que se saltaron la norma numerosas personalidades como el ministro de Educación y Ciencia, el de Hacienda y el de Asuntos

Exteriores, el presidente de la Diputación Provincial, el primer teniente de alcalde, el gobernador militar y un amplio grupo de representantes de la cultura, la sociedad y la política que quisieron recibir a la reina.

El recorrido de la comitiva demostró la revitalización del movimiento monárquico, ya que las calles de Madrid fueron invadidas por multitud de personas que quisieron aplaudir y saludar a la familia real. Tras una estancia en el palacio de la Zarzuela, la reina se dirigió a la residencia de los duques de Alba, donde se acomodó durante su estancia madrileña. Su nombre había sido resituado, tras la Guerra Civil, en calles, teatros, hospitales y otros edificios públicos, de tal manera que había elementos urbanos que mantenían su recuerdo vivo en la capital.

Al día siguiente por la tarde, se celebró el bautismo oficiado por el arzobispo de Madrid en el palacio de la Zarzuela, ante la pila bautismo de Santo Domingo de Guzmán, en la que tradicionalmente eran cristianados los herederos de la Corona. Felipe Juan Alfonso de Todos los Santos fue apadrinado por su bisabuela y por su abuelo, don Juan de Borbón. Se inició la ceremonia religiosa cuando la reina, llevando en brazos a su bisnieto, entró en el salón preparado con la pila y un pequeño altar, seguidos de invitados, miembros del gobierno y familiares de las Casas Reales de España, Grecia y Bulgaria. Terminada la ceremonia, la princesa Sofía tomó a su hijo en brazos y, acompañada de su marido e hijas, fue presentándolo a todos los invitados.

Circula todavía una controvertida anécdota que ocurrió tras el bautismo, cuando Franco saludó a la reina Victoria, conversando durante un cuarto de hora. Se dijo que ella le había hecho notar que se encontraban allí don Juan, don Juan Carlos y don Felipe, por lo que le animó a que ya eligiera sucesor entre ellos. Sin embargo, otras personas negaron la veracidad de la anécdota, entre ellas un periodista que escribió que la reina no la confirmaba. Es más, señaló que resultaba imposible pues ¿acaso no se había arrodillado ante su hijo? ¿No era la prueba más clara de quién era el rey? Para la historia, por el momento, queda la fotografía de ese sencillo gesto protocolario pero lleno de capital simbólico en el aeropuerto de Barajas.

Durante su estancia en Madrid, Victoria Eugenia recorrió en automóvil algunas calles donde pudo observar cómo había cambiado en muchos aspectos. Recorrió espacios céntricos y barrios más humildes donde fue saludada y saludó con cariño y afecto a las personas que la reconocieron, sin que hubiera habido ninguna convocatoria previa. Realizó varias paradas para saludar a hijos, hijas y nietos que habían acudido al bautismo. Para que no estuviera demasiado cansada, se decidió que recibiera en el palacio de Liria -residencia de los duques de Alba- a multitud de personas que manifestaron su deseo de saludarla. Recibió libros, tarjetas y ramos de flores, abriéndose libros de firmas para los visitantes.

Visita ineludible y deseada fue al hospital de "su" Cruz Roja, situado en la avenida que lleva su nombre, entre los aplausos y vítores de los espectadores, lo cual llenó de emoción a la reina, tan necesitada de quitarse de la mente la imagen de su salida al exilio. Las tropas de la primera brigada de Socorro, portando bandera, banda, escuadra y música, rindieron honores a Victoria Eugenia. En el patio se encontraban una comisión de oficiales, varias ambulancias, enfermeras, médicos y religiosa, las 190 alumnas de los tres cursos de la escuela y los practicantes. Numerosas personalidades acudieron para saludarla, procedentes de las instituciones más importantes. Para completar la visita, se dedicó a recorrer la primera planta del edificio, para saludar allí a los dos únicos médicos supervivientes de su reinado, Guerra y Soubrieé, nombrados en 1923 por ella misma. Los recuerdos y las anécdotas se agolparon en la mente de la reina mientras saludaba a enfermos y se paraba en algunas camas de niñas hospitalizadas. A continuación, se trasladó al dispensario y escuela de enfermería para recorrer con el mismo interés sus instalaciones, observando su modernización. En el despacho del director, la reina -bajo su retrato con uniforme azul y blanco de la Cruz Roja- firmó en el libro de honor y recibió a veteranas enfermeras que habían sido premiadas en su día por ella. El director entregó a Ena un reloj de plata y una placa conmemorativa de su visita, ofrecida por la Asamblea Suprema de la Cruz Roja Española.

Los monárquicos se sintieron muy satisfechos pues, en los días que la reina estuvo en Madrid, fueron múltiples las ocasiones en que pudieron manifestar sus ideas abiertamente, reuniéndose y pensando en la restauración de la Monarquía. En el palacio de Liria, Victoria Eugenia presidió la visita del ballet filipino que actuaba por esos días en la capital y decidió bailar en su honor. La reina intentó dotar a su visita a la iglesia parroquial de Los Jerónimos de un carácter íntimo, por lo que fue acompañada por los príncipes de Asturias y un grupo reducido de personas. Fue recibida por el párroco, oró diez minutos y recorrió los espacios de la iglesia, recordando el momento de su boda.

El día 10 por la tarde, en el palacio de Liria, Victoria Eugenia recibió la visita de tres millares de personas, sentada en una silla para no cansarse. Todas las clases sociales estuvieron representadas pero también todas las generaciones, de tal manera que la ceremonia fue un estimulante para ella. Como publico el diario ABC, "era aquello su reencuentro con un pueblo al que amó en presencia y ha amado aún más en su ausencia". De nuevo la reina asumió que no debía dar muestras de cansancio -como cuando era joven- pues era símbolo viviente de la Monarquía, enlazaba el comienzo del siglo XX con su mitad y, al ser madrina de su bisnieto, con el futuro. Y así, su presencia en Madrid ayudó a divulgar, nuevamente, la causa monárquica en España y en el extranjero también. Periódicos como el *New York Times* o el *Post* publicaron varios artículos sobre su viaje, el bautizo y todo tipo de noticias sobre la vida de la reina en sus tiempos, además de un sinfín de fotografías.

Con un carácter más oficial que a su llegada, la prensa española anunció que Victoria Eugenia abandonaría España el día 13 de febrero en un avión fletado especialmente por la compañía Iberia para su regreso a su casa. En el aeropuerto de Barajas, millares de personas de todas las clases sociales volvieron a congregarse para despedirla, a pesar de las inclemencias del tiempo. Se agolparon en la autopista y en las terrazas pero los periodistas, nuevamente, sufrieron restricciones por parte de la policía para cumplir su obligación informativa ante la opinión pública. Su marcha en 1968 nada tenía que ver con la de 1931, a cielo abierto, sin miedo, por la puerta grande, con asistencia de público y personalidades militares, eclesiásticas y civiles. La escuadrilla de la región aérea central le rindió honores formada en dos filas, flamearon los pañuelos y las banderas, mientras la reina -acompañada del brazo por don Juan y don Juan Carlos- se volvía emocionada hacia la inmensa muchedumbre, haciendo un saludo final de despedida. Era España otra vez.

El 5 de marzo, don Juan comunicó al ministro español Ibáñez Martín que su madre había vuelto muy contenta de su viaje a Madrid, El hecho -a la altura de su vida- había sido extraordinario pues había podido volver a su patria adoptiva aclamada y querida por los suyos y respetada por sus adversarios. Y así, hasta el final de sus días, Victoria Eugenia mantuvo sus recuerdos de las acogidas propiciadas por los españoles, las buenas sensaciones producidas por todos los que la agasajaron y la conciencia clara de que la Monarquía se restauraría en España en uno de sus sucesores. Y es que su salud comenzó a deteriorarse en 1969, de tal manera que comenzó a no salir de sus habitaciones, donde le acompañaban sus hijos don Juan y doña Beatriz, su dama Beatriz de Aguilar, su enfermera Antonia y sus doncellas españolas. Desde el 10 de abril comenzó a perder la lucidez, momento en que fueron avisados sus familiares y se inició la publicación de un parte oficial, por la mañana y por la noche, sobre su estado de salud. Se llamó al párroco de la iglesia del Sagrado Corazón, padre André Graggen, que rezó un responso por su alma; su familia rezó un rosario y se turnaron en la habitación de la reina, hasta que lentamente se produjo la muerte. Falleció a la una y media de la madrugada del 15 de abril de 1969.

Los diarios de Londres recordaron su vida marcada por el sufrimiento y la dedicación, haciendo múltiples elogios a la reina de España, anunciando que la familia real inglesa llevaría luto unos días. En Francia, *París-Presse* publicó galantemente "Ha muerto la más bella y la más sonriente soberana de Europa", mientras la prensa portuguesa mostraba su dolor por quien había sido muy conocida y querida en sus últimas décadas en Estoril. En su alcoba mantuvo hasta el final de su vida el tríptico de la Pasión que le regaló el papa Pío X cuando nació su primogénito, un icono ruso que le regaló por su boda el zar Nicolás II y los retratos de su hijo Alfonso y de sus hijas Beatriz y María Cristina.

El cadáver de la reina fue embalsamado por la noche y se colocó en un ataúd de nogal, con herrajes de bronce y revestido en damasco blanco. Su cabeza se cubrió con una mantilla blanca española, su cuerpo con la bandera de España y sus manos, cruzadas sobre el pecho, se encadenaron con el rosario y el crucifijo que el papa Pío XII había regalado a su hija María Cristina cuando se casó con el conde Marone. Su cuerpo fue cubierto de rosas y se procedió a una misa funeral en

Laussane con la presencia de su familia, la delegación oficial española y representantes de las Casas Reales, siendo trasladado su ataúd por sus hijos y nietos varones, que fue enterrado en la iglesia del Sagrado Corazón de Ouchy el 18 de abril. En España se celebraron solemnes funerales en su memoria, los retratos de la reina volvieron a los escaparates de las tiendas -ahora enlutados- multitud de condolencias fueron enviadas por autoridades locales y ayuntamientos, como el de San Sebastián y el de Santander, donde la reina había impulsado el turismo con su presencia. Se declararon tres días de luto oficial con bandera a media asta y el 22 de julio siguiente, el príncipe Juan Carlos fue designado sucesor en la Jefatura del Estado con título de rey.

Tras la muerte de Franco, el 20 de noviembre de 1975, las Cortes españolas proclamaron a Juan Carlos I de Borbón, iniciándose la transición hacia la democracia parlamentaria, aprobada en sucesivas consultas en referéndum por la población, que culminaría con la Constitución de 1978. Durante esa época se promulgó una amplia amnistía y comenzaron a volver los últimos exiliados políticos, iniciándose los trámites para que los miembros de la familia real fallecidos en el exilio pudieran ser enterrados en España. El 14 de mayo de 1977, don Juan de Borbón renunció a sus derechos dinásticos al trono en beneficio de su hijo.

El 25 de abril de 1985 los restos mortales de la reina Victoria Eugenia fueron entregados al pudridero de El Escorial y reposan, desde 2021, en el Panteón de Reyes, junto a los del rey Alfonso XIII.

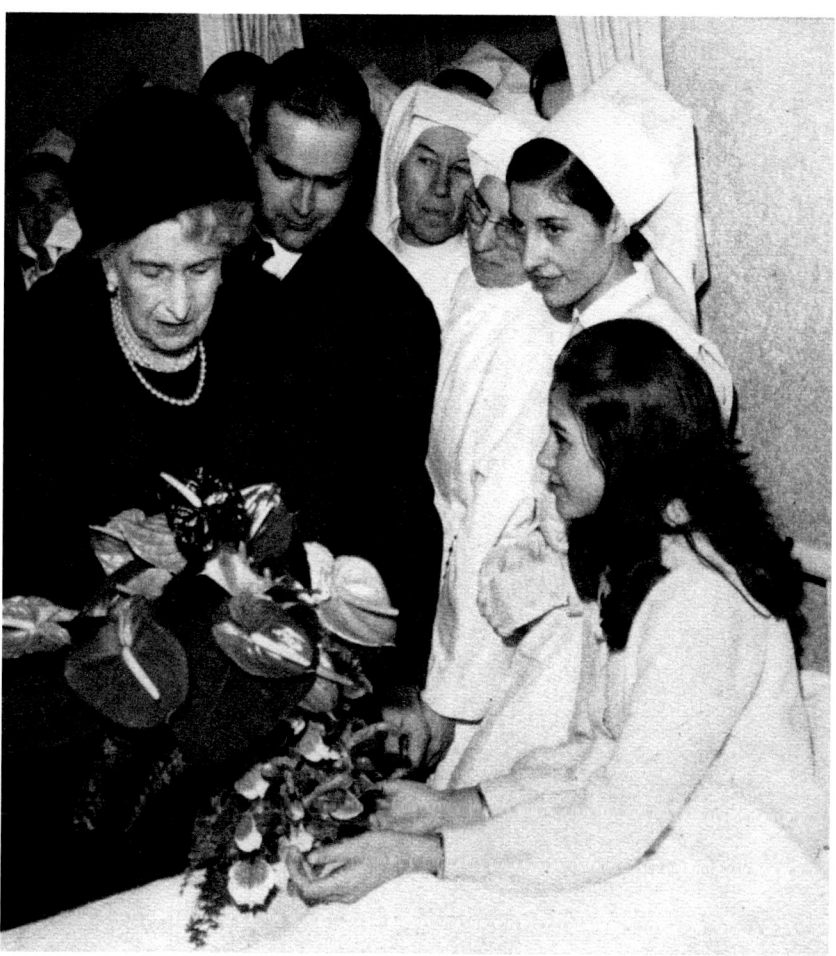

Victoria Eugenia visita el hospital de la Cruz Roja de Madrid en su viaje de 1968.

Ena se despide de España en 1968..En el aeropuerto de Madrid con su hijo Juan y su nieto Juan Carlos.

FUENTES DE ARCHIVO Y BIBLIOGRAFÍA

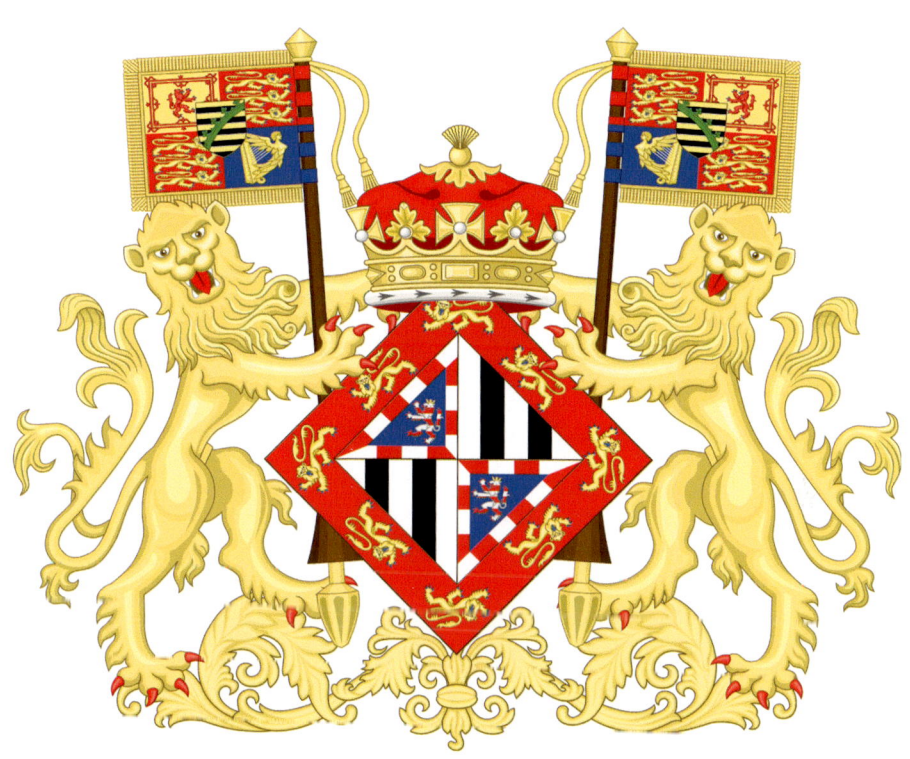

Págt, ant. Escudo de armas de Victoria Eugenia, como princesa (1906).
En está pág.: Escudo de armas como reina.

ARCHIVOS

Archivo General de la Administración
Archivo General de la Universidad de Navarra
Archivo General del Palacio Real de Madrid
Biblioteca del Palacio Real de Madrid

PRENSA DE ÉPOCA

ABC
Gaceta de Madrid
La época
Nuevo Mundo

BIBLIOGRAFÍA

* ALONSO MARTÍN, J. J., *Cartas al rey. La mediación humanitaria de Alfonso XIII en la Gran Guerra,* Madrid, Patrimonio Nacional, 2018.

* ÁLVAREZ TARDÍO, Manuel y VILLA, Roberto, *El precio de la exclusión. La política en la Segunda República*, Madrid, Encuentro, 2010.

* ANES, Gonzalo y SECO, Carlos, "La reina doña Victoria Eugenia: educación, familia y destino", *Boletín de la Real Academia de la Historia*, Tomo 206, Cuaderno 1,

2009, pp. 15-36.

* ARENAS, Bienvenido, *Hospital de sangre de la ciudad de Málaga visitado por S. M. la reina Dña. Victoria Eugenia*, álbum fotográfico, 1922.

* ARRANZ, Luis, "Alfonso XIII. Balance de un reinado", *Boletín de la Real Academia de la Historia*, CCXVI-II, 2019, pp. 291-317.

* BARREIRO, Cristina, "Vida y Corte en la época de Alfonso XIII: de la Gran Guerra a la Dictadura", en A. Moral e I. Uría (coords.), *La Historia contemporánea en perspectiva múltiple*, Alcalá, Universidad de Alcalá, 2022, pp. 245-256.

* BARREIRO, Cristina, "Cuando la reina Victoria Eugenia visitó Jartum", *El Debate*, 11 de mayo de 2023.

* CALDERÓN BERROCAL, María del Carmen, "Apuntes sobre Victoria Eugenia de Battemberg, reina de España", *Tabularium Edit*, 10, vol. 1, 2023, pp. 109-179.

* CAMPOS CAMPAYO, Manuel (coord.), *La Corona en España. De los reyes godos a Felipe VI,* Madrid, La Esfera de los Libros, 2022.

* CARRETERO, José María (El caballero audaz*), Una española se casa en Roma (diario de un hombre de la calle)*, Madrid, Ediciones del Caballero Audaz, 1935.

* CIERVA, Ricardo de la, *Victoria Eugenia*, Barcelona, Planeta, 1992.

* CIMIANO DE COMBET, Matilde, *Salas del Grupo Escolar Bergamín. Sección costeada por los ferroviarios de Andaluces y Sur de España. Dedicado a S. M. la reina Dña. Victoria Eugenia con motivo de su visita, Málaga, diciembre de 1921*, Málaga, R. Alcalá, 1921.

* COLEGIO DE SANTIAGO, *Fiesta del Arma de Caballería. Colocación de la primera*

piedra del nuevo edificio para Academia. Entrega del Estandarte. Toma del mando del regimiento de Victoria Eugenia por S. M. la reina, Valladolid, Imprenta del Colegio de Santiago para Huérfanos, 1921.

* CORTÉS CAVANILLAS, Julián, *Alfonso XIII. Vida, confesiones y muerte*, Barcelona, Planeta, 1995.

* DOMINGO MALVADI, Arantxa, "Victoria Eugenia de Battenberg: libros y lecturas de una inglesa en la corte española", *Titivillus. International Journal of Rare Book: Revista Internacional sobre Libro Antiguo*, 3, 2017, pp. 117-144.

* ESPINOSA DE LOS MONTEROS, Alonso y ESPINOSA DE LOS MONTEROS, Francisco, "La lucha antituberculosa: desde la Restauración borbónica hasta la guerra civil (1874-1936)", *Revista Egle*, 19, 2022, pp. 68-83.

* FRANCISCO OLMOS, José María, "La oficina Pro cautivos del palacio real de Madrid. Lo mejor de la participación española en la Gran Guerra", *Revista de historia militar*, Extra-1 (2019) (Ejemplar dedicado a España y la Gran Guerra), pp. 71-98.

* GARCÍA QUEIPO DE LLANO, Genoveva, "La crisis de la Monarquía constitucional", VV. AA., *La Corona en la historia de España*, Madrid, Biblioteca Nueva, 2003, pp.147-169.

* GÓMEZ SANTOS, Marino, *La reina Victoria Eugenia de cerca*, Madrid, Afrodisio Aguado S. A., 1969.

* GONZÁLEZ FERNÁNDEZ, Enrique, "La obra humanitaria de Alfonso XIII durante la Primera Guerra Mundial", *Mar Océana*, 2, 1995, pp. 283-296.

* GRAHAM, Evelyn, *The Queen of Spain*, Londres, Hutchinson and Co. LTD, 1930.

* HIJANO PÉREZ, Ángeles, *Victoria Eugenia*, Madrid, Alderabán, 2000.

* HIJANO PÉREZ, Ángeles, "Ena de Battenberg, las desgracias de una reina", *Aportes: Revista de historia contemporánea*, 101 (2019) pp. 131-155.

* MATEOS SÁINZ DE MEDRANO, Ricardo, *Estoril, los años dorados*, Madrid, Esfera de los libros, 2012.

* MAX DE HOHENHOLE, Princesa, *Érase una vez… Bocetos de mi juventud*, Madrid, Seix Barral, 1954.

* MEER, Fernando de, *Francisco Carvajal i Xifré, conde de Fontanar (1905-1960). Los movimientos monárquicos y el régimen de Franco*, Córdoba, Almuzara, 2022.

* MORAL RONCAL, Antonio Manuel, *Diplomacia, humanitarismo y espionaje en la guerra civil española*, Madrid, Biblioteca Nueva, 2008.

* NOEL, Gerard, *Victoria Eugenia, reina de España*, Buenos Aires, Javier Vergara, 1984.

* OLÁBARRI GORTÁZAR, Ignacio, "Actores políticos y actores sociales en la crisis de la Restauración (1914-1931). I. Los actores políticos", *Investigaciones históricas*, 14 (1994), pp. 197-220.

* PALACIOS BAÑUELOS, Luis y PRIMO JURADO, Juan José, *La Casa de Viana y la corte española (1875-1931),* Madrid, Trebede, 2016.

* PANDO DESPIERTO, Juan, *Un rey para la esperanza. La España humanitaria de Alfonso XIII en la Gran Guerra*, Barcelona, Temas de Hoy, 2002.

* PÉREZ SÁNCHEZ, Manuel, "La Rosa de Oro para las reinas de España (1868-1923)", J. Rivas (coord.), *Estudios de platería San Eloy* 2016, Murcia, Universidad de

Murcia, 2017, pp. 487-503.

* PETRIE, Charles, *Alfonso XIII y su tiempo*, Barcelona, Dima, 1967.

* PLATÓN, Miguel, *Alfonso XIII: de Primo de Rivera a Franco*, Barcelona, Plaza y Janés, 1998.

* SAGRERA, Ana de, *Ena y Bee*, Madrid, Velecio Editores, 2006.

* SÁINZ RODRÍGUEZ, Pedro, *Testimonio y recuerdos*, Barcelona, Planeta, 1978.

* SENTÍS, Carlos, *Seis generaciones de Borbones y un cronista,* Barcelona, Destino, 2004.

* SECO SERRANO, Carlos, *Alfonso XIII*, Madrid, Arlanza, 2001.

* SECO SERRANO, Carlos, *La España de Alfonso XIII: el Estado, la política, los movimientos sociales*, Madrid, Espasa Calpe, 2002.

* TUSELL, Javier y GARCÍA QUEIPO DE LLANO, Genoveva, *Alfonso XIII,* Madrid, Taurus, 2001.

* VAQUERO, Carlos; RÍO, Lourdes del; SAN NORBERTO, Enrique; BRIZUELA, José Antonio, "José Goyanes Capdevila (1876-1964). Pionero de la cirugía vascular española", *Anales de la Real Academia de Medicina y Cirugía de Valladolid*, 54, 2017, pp. 71-82.

* VILA SAN JUAN, José Luis, *Alfonso XIII, un rey, una época*, Madrid, Edaf, 1993.

* VILLA GARCÍA, Roberto, *1917. El Estado catalán y el soviet español*, Barcelona, Espasa, 2021.

* VILLA GARCÍA, Roberto, *1923. El golpe de Estado que cambió la Historia de España*, Barcelona, Espasa, 2023.

Este libro se terminó de imprimir en enero de 2024